北京建筑文化基地资助出版

翻译与建筑

杜 苗 著

中国财经出版传媒集团
中国财政经济出版社

图书在版编目（CIP）数据

翻译与建筑／杜苗著 . —北京：中国财政经济出版社，2018.7
ISBN 978 - 7 - 5095 - 8437 - 8

Ⅰ . ①翻… Ⅱ . ①杜… Ⅲ . ①建筑学 - 英语 - 翻译 Ⅳ . ①TU

中国版本图书馆 CIP 数据核字（2018）第 174951 号

责任编辑：高树花　　　　责任印制：刘春年
封面设计：孙俪铭　　　　责任校对：胡永立

中国财政经济出版社 出版

URL：http：//www.cfeph.cn
E - mail：cfeph @ cfeph.cn

（版权所有　翻印必究）

社址：北京市海淀区阜成路甲 28 号　邮政编码：100142
营销中心电话：010 - 88191537
北京财经印刷厂印装　各地新华书店经销
710 × 1000 毫米　16 开　14.75 印张　191 000 字
2018 年 7 月第 1 版　2018 年 7 月北京第 1 次印刷
定价：58.00 元
ISBN 978 - 7 - 5095 - 8437 - 8
（图书出现印装问题，本社负责调换）
本社质量投诉电话：010 - 88190744
打击盗版举报热线：010 - 88191661　QQ：2242791300

目 录

第1章 翻译的基础知识 …………………………………………… 1

1.1 翻译的定义 ………………………………………………… 3
1.2 翻译的目的 ………………………………………………… 4
1.3 翻译的标准 ………………………………………………… 5
1.4 翻译的单位 ………………………………………………… 10
  - 1.4.1 英汉语言单位与翻译 ……………………………… 10
  - 1.4.2 翻译的基本单位 …………………………………… 13
  - 1.4.3 翻译单位的特征 …………………………………… 14
1.5 翻译的分类 ………………………………………………… 15
1.6 翻译的过程 ………………………………………………… 17
  - 1.6.1 正确理解 …………………………………………… 17
  - 1.6.2 恰当表达 …………………………………………… 20
  - 1.6.3 仔细校正 …………………………………………… 23
1.7 译者的素质要求 …………………………………………… 23

第2章 建筑文本可借鉴的翻译理论简述 ………………………… 27

2.1 中国翻译理论 ……………………………………………… 29
  - 2.1.1 信达雅 ……………………………………………… 29
  - 2.1.2 直译和意译 ………………………………………… 30

2.1.3　异化和归化 ……………………………………… 32
2.2　西方翻译理论简述 ………………………………………… 33
　　2.2.1　尤金·奈达（Eugene Albert Nida）功能对等
　　　　　理论 …………………………………………………… 33
　　2.2.2　Sperber 和 Wilson 提出的语用学关联理论及 Gutt 的
　　　　　关联翻译理论 ………………………………………… 38
　　2.2.3　斯图亚特·霍尔的《编码与解码》 ……………… 41

第3章　翻译中的英汉语言对比 …………………………… 45

3.1　词汇 …………………………………………………………… 47
　　3.1.1　词义（meaning） ………………………………… 47
　　3.1.2　色彩（color） …………………………………… 51
　　3.1.3　搭配（collocation） ……………………………… 53
3.2　语法（句法结构） …………………………………………… 54
　　3.2.1　基本语法特征 ……………………………………… 54
　　3.2.2　句子结构特征 ……………………………………… 57
3.3　语序 …………………………………………………………… 59
3.4　修辞 …………………………………………………………… 66
　　3.4.1　形合与意合（Hypotactic vs. Paratactic） ……… 66
　　3.4.2　静态与动态（Stative vs. Dynamic） …………… 70
　　3.4.3　被动与主动（Passive vs. Active） ……………… 74
　　3.4.4　物称与人称（Impersonal vs. Personal） ………… 78

第4章　翻译中非语言层面的对比 ………………………… 81

4.1　思维 …………………………………………………………… 83
　　4.1.1　整体思维与分析思维 ……………………………… 83
　　4.1.2　具体思维与抽象思维 ……………………………… 87
　　4.1.3　悟性思维与理性思维 ……………………………… 90

目 录

  4.1.4 顺向思维与逆向思维 ………………………………………… 93
4.2 文化 …………………………………………………………………… 95
  4.2.1 观念体系 ……………………………………………………… 96
  4.2.2 自然条件 ……………………………………………………… 97
4.3 习俗 …………………………………………………………………… 98
  4.3.1 称呼与称谓 …………………………………………………… 98
  4.3.2 问候 …………………………………………………………… 99
  4.3.3 拜访 …………………………………………………………… 99
  4.4.4 致谢与答谢 …………………………………………………… 100
  4.4.5 称赞与回应 …………………………………………………… 101
4.5 历史 …………………………………………………………………… 102
4.6 社会心理 ……………………………………………………………… 105
  4.6.1 集体主义与个体主义 ………………………………………… 106
  4.6.2 尊卑观念与平等观念 ………………………………………… 107
  4.6.3 数字观念 ……………………………………………………… 108
4.7 审美 …………………………………………………………………… 109
  4.7.1 关于动物 ……………………………………………………… 110
  4.7.2 关于颜色 ……………………………………………………… 112
  4.7.3 关于语言 ……………………………………………………… 113

第5章 翻译技巧 …………………………………………………………… 115

5.1 词类转换法 …………………………………………………………… 117
  5.1.1 英译汉 ………………………………………………………… 117
  5.1.2 汉译英 ………………………………………………………… 119
5.2 增益法（amplification）……………………………………………… 119
  5.2.1 语义因素 ……………………………………………………… 119
  5.2.2 语法因素 ……………………………………………………… 119
  5.2.3 修辞因素 ……………………………………………………… 120

5.3 省略法（omission）…………………………………… 120
    5.3.1 英译汉中的省略法 …………………………… 120
    5.3.2 汉译英中的省略法 …………………………… 121
5.4 重复法 …………………………………………………… 122
    5.4.1 英译汉中的重复法 …………………………… 122
    5.4.2 汉译英中重复结构的处理 …………………… 122
5.5 正译或反译（positive or negative translation）………… 123
5.6 名词从句的译法 ………………………………………… 123
    5.6.1 主语从句 ……………………………………… 124
    5.6.2 宾语从句 ……………………………………… 125
    5.6.3 表语从句 ……………………………………… 125
    5.6.4 同位语从句 …………………………………… 125
5.7 定语从句的译法 ………………………………………… 126
    5.7.1 限制性定语从句 ……………………………… 127
    5.7.2 非限制性定语从句 …………………………… 129
    5.7.3 兼有状语职能的定语从句 …………………… 130
5.8 状语从句的译法 ………………………………………… 131
    5.8.1 表时间的状语从句 …………………………… 131
    5.8.2 表示原因的状语从句 ………………………… 132
    5.8.3 表示条件状语从句 …………………………… 133
    5.8.4 表示让步的状语从句 ………………………… 134
    5.8.5 表示目的状语从句 …………………………… 135
5.9 句子结构的转译 ………………………………………… 136
5.10 长句的译法 …………………………………………… 137

第6章 翻译实训汉译英——中国建筑 ……………………… 145

6.1 中国传统建筑的特点 …………………………………… 147
6.2 翻译技巧综合运用 ……………………………………… 149

6.3	国家体育场——鸟巢	150
6.4	水立方	156
6.5	北京故宫	165
6.6	天坛	173
6.7	人民大会堂	182

第7章 翻译实训汉译英——西方建筑 189

- 7.1 西方主要建筑风格 191
  - 7.1.1 哥特式建筑风格 191
  - 7.1.2 巴洛克式建筑风格 191
  - 7.1.3 洛可可式建筑风格 192
  - 7.1.4 拜占庭建筑风格 193
  - 7.1.5 罗曼建筑风格 194
- 7.2 翻译技巧综合运用 194
- 7.3 The Empire State Building 196
- 7.4 Eiffel Tower 205
- 7.5 Versailles 214

参考文献 219

翻译与建筑

Chapter 1

第1章　翻译的基础知识

1.1　翻译的定义

翻译是一种语言活动，人们进行语言活动主要就是交流思想。把一种语言所表达的内容用另外一种语言表达出来，这一过程即为翻译。从社会语言学的观点来看，语言是脱离不了社会文化的，使用不同语言的人，往往处于不同的文化背景。因此语际的交流实际上是不同文化间的交流。

一些知名的学者和翻译家对翻译给出如下的定义。

张培基认为翻译是运用一种语言把另一种语言所表达的思想内容准确而完整地重新表达出的语言活动。这里强调翻译是一种语言活动，用以准确且完整地传递信息内容。

黄龙在《翻译学》一书中将翻译定义为：Translation is the unity of opposites where in an equivalent and aesthetic intercommunication of bilateral alien languages (letter language, semiotic language, animal language) in social sciences (including theology in a broad sense) and physical sciences is performed theoretically and practically through oral interpretation and written translation by the agency of human brain or electronic brain。黄龙的定义非常全面：翻译不仅是双语之间的信息转换，还应当考虑审美方面的要求；翻译不但涵盖社会科学等众多学科，而且涉及自然科学的诸多门类；翻译既有理论也有实践；既可以是口译，笔译，又可以是机器翻译。

美国翻译家和理论家奈达（Eugene A. Nida）在《翻译理论与实践》一书中给翻译下了这样的定义：所谓翻译，是指在译语中用最切近而又自然的对等语再现原语信息，首先在语义上，其次是文体上（translation consists in reproducing in the receptor language the closest natural equivalent of the source-language message, first in terms of meaning and secondly in terms style）。在这里奈达强调了四点：（1）再现原语信息（reproduction）；（2）原语与译语（source language vs. receptor language）；（3）对等语（equivalent）；（4）语义与文体（meaning vs. style）。

奈达认为翻译的功能在于"再现原语信息"，即将原语信息转换为译语信息，"信息"的转换不仅表现在"语义"上，而且表现在"文体"上；奈达的定义也描述了原文与译文之间的关系：译文一方面要取得与原文"最切近"的对等效果，另一方面必须是"地道的"译语语言。

卡特福德（J. C. Catford）认为翻译是把"一种语言（译出语）的话语材料转换成另一种语言（译入语）中对等的话语材料"（the replacement of textual material in one language by equivalent textual material in another language）。

与翻译的语言学派关注语言结构和语言形式对应问题不同，翻译的文化学派将注意力转向翻译在文化传递方面的重要作用。文化学派认为翻译绝非一种纯语言的语际转换活动，而是一种文化间的交流活动。巴斯奈特（Bassnet）认为"翻译就是文化内部与文化之间的交流"。翻译不应局限于语言上的对等，而是在译语文化中实现与原文文化功能的对等。为此，翻译应突破以语篇为单位的传统观点，以文化为单位，重新审视原语文本和译文文本在各自文化系统中的功能和意义，以及译者的地位、翻译与文化、亚文化之间的关系等问题。

综上所述，翻译包含两层：（1）翻译是一种语际转换活动，其转换的主要内容为原语信息；（2）从原语到译语的信息转换不仅是内容上的，同时也应考虑到原作的文体风格和文化功能。

1.2 翻译的目的

从宏观上看，翻译作为一种语际转换活动，涉及社会生活的方方面面。世界上有近三千种语言，其中使用范围较广的语言有十几种，这就给使用不同语言的人进行信息交流带来了很大不便，而翻译就是一座沟通不同语言使用者之间的桥梁。可以说，没有翻译，这个世界就是支离破碎的，就是孤立的、封闭的、相互隔离的。纵观我国的历史，出现过三次翻译的高潮：东汉至唐宋的佛经翻译、明末清初的科技翻译和鸦片战争至"五四"的西学翻译。每一次的翻译高潮无不伴随着文化交流和思想的解放运动。翻译在国际政治、经济、军事、科学、文化、艺术等各个领域进行不同语言之间的信息转换与传递，促进了这些领域世界性或区域性的交流，为世界文明的发展与和谐做出了巨大的贡献。

从微观上讲，翻译作为本科阶段的一门必修课程，其重要性不言而喻。在外语学习的听、说、读、写、译五个技能中，译是最后一个，也是最难和最高级的一个技能。翻译技能的提升能促进其他技能的熟练掌握与运用。

随着全球交流的越发频繁和便捷，越来越多的人将会面临国际交流，将来不可避免地要承担起文化交流的重任。借鉴、吸收、引进外国先进的知识、技术和经验，并将我国的优秀文化介绍给外国都需要语际的交流翻译。学习和掌握翻译技能、提高翻译能力是实现这些目标的必要条件。

1.3　翻译的标准

翻译的标准是衡量翻译的尺度。有了好的标准，翻译活动才会有努力的方向，才会保证翻译的质量。关于翻译的标准，我国历来就有众多的看法。在汉唐时期，就有"文质"之争。主张"文"的翻译家强调翻译的修辞和通顺，强调翻译的可读性。主张"质"的翻译家则强调翻译的不增不减，即翻译的忠实性。"文质之争"实际上是

翻译与建筑

意译与直译之争。

清代著名翻译家严复一生翻译了大量的西方政治经济著作,他根据自己的翻译实践于1898年在《天演论》卷首的《译例言》中提出:

"译事三难:信、达、雅,其求信已大难矣!顾信矣不达,虽译犹不译也,则达尚焉。……译文取明深义,故词句之间,时有所颠倒附益,不斤斤于字比句次,而意义则不倍本文。"

"假令仿此(西文句法)为译,则恐必不可通,而删削取径,又恐意义有漏。此在译者将全文神理,融会于心,则笔下抒词,自善互备,至原文词理本深,难于共喻,则当前后引衬,以显其意。凡此经营,皆以为达;为达即以为信也。"

"易曰:'修辞立诚'。子曰:'辞达而已'。又曰:'言之无文行之不远。'三者乃文章正轨,亦即为译事楷模。故信、达而外,求其尔雅"。

这就是我国奉为圭臬的"信(faithfulness)、达(expressiveness)、雅(elegance)"三字标准,这个标准对后世影响极大。"信"指译文须忠实于原文,"达"指译文通达。严复认为"信"是首位的,然"顾信矣不达,虽译犹不译",不"达"在某种意义上也就是不"信","信"与"达"的关系是辩证的,是不可分割的两个方面,关于"雅"字,争论较多——有人认为"雅"指的是雅正,严复把当时的士大夫作为译文的阅读对象,使译文适合读者的接受水平,有利于译文的传播,从这个意义上看,"雅"的原则至今仍具有积极的意义,与读者接受理论有异曲同工之处。

鲁迅在讨论翻译标准时说:"凡是翻译,必须兼顾两面:一当然力求其易解,一则保存着原作的丰姿",但不该"削鼻剜眼"来达到顺眼的目的。针对赵景深"与其信而不顺,不如顺而不信"的观点,鲁迅阐述了自己"宁信而不顺"的直译观点:"自然,这所谓'不顺',决不是说'跪下'要译作'跪在膝之上,','天河'要译作

'牛奶路'的意思,乃是说,不妨像吃茶淘饭一样几口可以咽完,却必须费牙来嚼一嚼。"这里可以看出鲁迅主张的直译并非是"硬译"和"死译"。

在《论翻译》一文中,林语堂提出"翻译的标准问题大概包括三个方面:第一是忠实标准,第二是通顺标准,第三是美的标准",并将这三条标准概括为译者的三种责任:"第一是译者对原著的责任,第二是译者对中国读者的责任,第三是译者对艺术的责任。三样的责任心备,然后可谓具有真正译家的资格。"林语堂把翻译看作是一门艺术;他也是中国译学史上第一个最明确地将现代语言学和心理学作为翻译理论的"学理剖析"的基础的人,因此他的"忠实、通顺、美"的翻译标准是以语言学、心理学和美学为依据的。他把翻译标准与译者的责任联系起来,独树一帜。

1951 年,傅雷提出文学翻译应当"神似"。傅雷认为,"以效果而论,翻译应当像临画一样,所求的不在形似而在神似"。傅雷的"神似"论是建立在东西方人在思维和表达方面的差异基础上的,"传神云云,谈何容易!年岁经验愈增,对原作体会愈增,而传神愈感不足。领悟为一事,用中文表达为又一事。东方人与西欧国家人之思想方式有基本分歧,我人重综合,重归纳,重暗示,重含蓄;西方人则重分析,细微曲折,挖掘唯恐不尽,描写唯恐不周:平两种 mentalite(心智类型)殊难彼此融洽交流。……愚对译事看法实基简单重神似不重形似……。"

1964 年,钱钟书提出了翻译的"化境"论:"文学翻译的最高标准是'化'。把作品从一国文字转变成另一国文字,既能不因语文习惯的差异而露出生硬牵强的痕迹,又能完全保存原有的风味,那就算得入于'化境'。17 世纪,有人赞美这种造诣的翻译,将其比为原作的"投胎转世"(the transmigration of souls),躯壳换了一个,而精神姿致依然故我。换句话说,译本对原作应该忠实得以至于读起来不像译本,因为作品在原文里决不会读起来像经过翻译似的。"但是,正如钱钟书自己所说的:"彻底和全部的'化',是不可能实现的理想。"

在西方,对于翻译的标准也有不同的说法。早在1789年,英国翻译家、学者乔治·坎贝尔(George Campbell)就提出了翻译的三原则,即译者必须:第一,准确地再现原作的意思;第二,在符合译作语言特征的前提下,尽可能地移植作者的精神和风格;第三,使译作至少具有原创作品的特征,显得自然流畅(The first thing... is to give a just representation of the sense of the original... The second thing is, to convey into his version, as much as possible, in a consistency with the genius of the language which he writes, the author's spirit and manner... The third and last thing is, to take care, the version have at least, so far the quality of an original performance, as to appear natural and easy...)

1792年,英国著名学者亚历山大·弗雷赛·泰特勒(Alexander F. Tytler)也提出了一个三原则:第一,译作应完全复写出原作的思想;第二,译作的风格和行文手法应与原文保持一致;第三,译作应具备原作的流畅感(1. That the translation should give a complete transcript of the ideas of the original work; 2. That the style and manner of writing should be of the same character with that of the original; 3. That the translation should have all the ease of original composition)。

奈达以《圣经》翻译实践为基础,提出了功能对等的"等效理论"。最初奈达的"等效理论"使用动态对等(dynamic equivalence)这一术语,后为强调"功能"这一概念改用"功能对等(functional equivalence)"这一术语。在讨论功能对等时,他把语言看成一种交际形式,翻译则是一种交际活动,一种介于不同语言与文化之间的交际活动。交际的目的是使参与交际的各方能够相互理解与沟通。因此,翻译首先就是要"再现原文信息",使原文的信息能够在译语的文化背景和交际场景中取得与原语同样的交际效果，从而保障交际的顺利进行，使交际各方有效地沟通与交流。在奈达看来，内容是第一位的，形式是第二位的；但他也认为，功能对等的翻译，不仅包括信息内容，同样也包括语言形式，即"在译语中用最贴近而又自然的对等语再现原语的信息，首先在语义上，其次是文体上"。

另外，还有雅各布森（Roman Jakobson）、卡特福德的等值论，弗美尔（H. Vemeer）的目的论，以及后现代主义、解构主义，女性主义等理论都对翻译标准提出了自己的标准和看法。

但对于初学者而言，"忠实、通顺"是做好翻译工作的最基本标准，只有在"忠实、通顺"的基础上，才能一步步地向翻译的更高标准迈进。所谓忠实，首先要忠实于原作的内容。译者必须把原作的内容完整而准确地表达出来，不能随意地篡改、歪曲、增加和删除原作的内容，这里的原作内容通常指的是作品中所叙述的事实、说明的事理、描写的景物以及作者在叙述、说明和描写过程中所反映的思想、观点、立场和所流露的感情等。忠实还包括保持原作的风格，即原作的民族风格、时代风格、语体风格、作者个人的语言风格等。译者对原作的风格不能任意破坏和改变，不能以译者的风格来取代作者的风格。原作如果是通俗的口语体，则不能译成文绉绉的书面体；原作如果是粗俗琐屑的，不能译成文雅洗练的；原作如果是富于西方色彩的，则不能译成富于东方色彩的。总之，原作如何，译文也应该如何，尽可能还原其本来面目。

所谓通顺，即指译文语言必须通顺易懂，符合规范。译文必须是明白晓畅的现代语言，没有逐词死译、硬译的现象，没有语言晦涩、佶屈聱牙的现象，没有文理不通、结构混乱、逻辑不清的现象。当然，译文的通顺程度还应当要与原文的通顺程度相一致。例如，在文艺作品中，作者有时有意识地采用或引用一些非规范语言以刻画人物或渲染某种气氛，翻译时应设法如实传达，不应加以改变。

忠实与通顺是密不可分、相互依存的两个方面。忠实而不通顺，读者看不懂,或者看不下去,忠实便失去了意义,也就没有忠实可言;通顺而不忠实,脱离了原作的思想内容与风格,成了"胡译"和"乱译"。可以说翻译应力求"信与顺",力戒"宁信而不顺"或"宁顺而不信"。

1.4　翻译的单位

首次提出"翻译单位"这个概念的 Vinay 和 Darbelnet 将翻译单位定义为"思维单位";它在语言上表现为"最小的、无须分开翻译的语言单位";苏联翻译理论家巴尔胡达罗夫在《语言与翻译》一书中把翻译单位定义为"在译文中能够找到对应物的原文单位,但它的组成部分单独地在译文中并没有对应物。换言之,翻译单位就是原语在译语中具备对应物的最小(最低限度)的语言单位"。翻译的单位指的是翻译过程中的操作单位,同时也是语言转换发生的层次。划分翻译单位的目的在于对语言进行科学有效的语法和语义分析,以便选择相应的翻译方法。因此翻译单位也就是用以分析的有意义的语言单位。下面简要介绍英汉两种语言在各个语言单位层次上的转换,并结合翻译单位的属性特征,提出在翻译实践中可操作性较强的翻译基本单位。

1.4.1　英汉语言单位与翻译

汉语和英语的语言单位可以概括为音位(字位)、词素、词、词组(短语)、句子、段落、篇章这七个层次,两种语言的对等转换、不对等转换、跨层次转换主要集中在这些层面上。

(1) 音位(字位)层(phoneme – level)翻译。

音位本身没有独立的意义,但在音译时,就要求原语的音位在译语中找到对应物，音位就成为翻译单位，自成一体，如人名、部分地名以及一些通用的国际计量单位的翻译等。如：Mary（玛丽），Singapore（新加坡），Beijing（北京），ohm（欧姆，电阻单位），volt（伏特，电压单位），ampere（安培，电流强度单位），logic（逻辑），humor（幽默）、sonar（声呐），另外还有 talk show（脱口秀）、mosaic（马赛克）。

音译作为翻译外来语的常用方法之一，需要遵守约定俗成或公认的标准，以求统一，同时也应当本着使译名通俗易懂、明白晓畅的原则。有些音译名读起来佶屈聱牙，在使用当中逐渐被淘汰，失去了生存的空间，例如，"电话"（telephone）替代了"德律风"，"最后通牒"（ultimatum）替代了"哀的美敦书"，"灵感"（inspiration）取代了"烟士披里纯"一词。取而代之的新词生动形象，更易于思想意义的传递。

（2）词素层（morpheme – level）翻译。

词素是语言中最小的有意义的单位。相对于音位层，词素层翻译出现的频率较低，但在科技和医药生化英语中，却有着广泛的应用。如：

electro –	magnet –	ic
电	磁	的
morpho –	gene –	tic
形态	基因	的
multi –	media	
多	媒体	
hi –	tech（technology）	
高	技术	

另外，常用的词素还有 psycho –（精神的、心理的）：psychotherapy（心理疗法），psychology（心理学），psychologist（心理学家），psychological 心理学的；hydr（o）–（水的、含氢的、氢化的）：

hydrocarbon（碳氢化合物），hydroelectric（水电的），hydrogen（氢气），hydroponics（水培），hydrotherapy（水疗法）。英语具有庞大的构词系统，而词素在其中起着核心的作用，掌握这些词素及其用法，对于译者来说是非常有益的。

（3）词语（单词）（word）层翻译。

词是能独立运用的最小语言单位。在两种语法和句法结构较为相似的语言中，把词作为翻译单位是很常见且易于操作的。英汉两种语言的句法结构有一定的相似性。

（4）词组（短语）层（phrase – level）翻译。

词组是比词大一级的单位，词对词的翻译容易导致死译、硬译，因而需要在更大的语境中寻求语义的等值。词组不是单个词的简单叠加，其意义是固定的、约定俗成的。

（5）句子层（sentence – level）翻译。

在词组这一层次进行转换也不能正确理解原语的情况下，就需要以句子为单位来考察原语了。

（6）段落层（paragraph – level）翻译。

段落是大于句子的语言单位，它可能是几个句群，也可能是一个句群，还可能只是一个句子，甚至是一个词。以段落为单位能够较充分地考虑到句与句之间的逻辑关系和语义关联，在翻译时对段落进行重新组织，使译文符合译语的表达习惯。汉语重意合，而英语重形合。

（7）篇章层（text – level）翻译。

篇章是比句子、段落更大的语言单位，即由段落组成的、结构和语义完整的交际单位。以篇章为单位来考虑翻译可以对文本意义有更为完整的了解：原文的主题意义是什么，作者有什么样的思想观点，进行人物的形象分析、个性分析以及意境营造、情节发展分析等，以便在表达时恰当地运用翻译策略与方法；同时也可以对篇章类型，文体风格有更为全面的把握，以减少误译。这也就是所谓的"整体效应"，即从大处着眼，小处着手。

1.4.2 翻译的基本单位

从"语言单位"（音位、词素、词、词组、句子、段落、篇章等）来看，词是语言的基本单位。因为人类的语言是词的语言，它既能充当词汇意义与语法意义的载体，又能担任句子的任何成分，甚至可以独立成句。在实际的交际过程中，词还能完成语用功能。在作文或文学创作中，词的选择、推敲对表意、传情具有非常重要的意义。

既然词是语言的基本单位，那么它也应该成为翻译的基本单位。有学者认为词是思维的支撑。如果将词（包括词组）作为翻译的基本单位，它也符合最先提出"翻译单位"这个概念的 Vinay 和 Darbelnet 两位学者的看法，因为词（词组）在翻译中属于不可再分割的有意义的单位。从语言学和翻译实践角度看，词和词组是句子的组成部分，是译者换码时首先予以注意并转换的一个成分。英国语言学家 J. R. Firth 说："每一个词在不同的上下文里都是一个新词"。尽管他强调的是上下文对单词意义的影响，但同时也揭示了词及其词义的重要性。对翻译来说，词（包括词组）是可操作的、有意义的、不可再分割的一个单位，是翻译过程中必须仔细分析对比、必须首先理解与转换的一个基本单位。纽马克认为："翻译必须以词语、句子和语义为基础。因为除此之外，翻译便是无本之木。没有同语，就不存在意义。"比如翻译 Darrow had whispered throwing a reassuring arm round my shoulder 这句英文，我们首先将原文切分成三个部分 Darrow//had whispered//throwing a reassuring arm round my shoulder；然后再将第二部分切分为 throwing//reassuring arm//round//my shoulder；最后再分析 a reassuring arm 的真正含义。全句可译为达罗搂着我的肩膀，悄悄地对我说了此话，叫我不要担心。

如 James Joyce 的 *Finnigan's Wake* 一书书名的汉译，也很能说明问题，最早的译文是《芬尼根人的觉醒》，给读者的印象是"芬尼根开始革命了"，后来正式译名变为《为芬尼根人守灵》。两个译名差别这么大，原因是第一个译者没有充分理解英文 wake 这个词在原文句中的含义，属于"望文生义"。正式译名是根据小说内容理解 wake 的真正含义，翻译并确定的。

从翻译教学实践看，翻译教学也总是从词义的确定和翻译讲起，从翻译方法上讲，所谓的"转换法""省略法""增词法"也大都是从词或词组翻译的角度出发的。所以，词（词组）既是语言的基本单位，也是翻译的基本单位。

1.4.3 翻译单位的特征

如前所述，翻译单位必须是有意义的语言单位，此其一；其二，翻译单位也应该满足辩证的、相对的；动态的、变化的；多元的、多层次的；描写性的、可操作性的，能对翻译实践起指导作用的。下面我们简要地谈一谈翻译单位的属性特征。

（1）相对性。

如果我们认真研究一下上述种种所谓的翻译单位，我们就会发现。无论哪种分法，翻译单位都是有大有小，大中有小。此如段落，段落通常由句子组成，但句子尤其是一个长句也可成为一个段落。由此可见，所谓翻译单位是辩证的，大小相对而非绝对。翻译实践也告诉我们：翻译中没有，也不大可能有能适用于各类文体（文学、科技、政治、经济、实用）、各种翻译类型（笔译、口译、机器翻译）和不同翻译者（一般译者、职业翻译者和翻译家）的所谓的"翻译单位"。

（2）动态性。

翻译活动是一种语际、文化间的交流活动，翻译者通过大脑复杂的搜寻、理解、对比、分析、综合等活动,使源语言与目标语言实现交流。这种交流过程是动态的、富有变化的,而绝不是孤立的、静态的、一成不变的,更不是机械地用所谓的"翻译单位"去处理原文,按照词典释义套译或硬译原文中的词语和句子。从这个意义上说,翻译单位在实际翻译过程中,必须是弹性的,可大可小,翻译者根据翻译需要可随时缩小和放大翻译单位。

(3) 多元性。

翻译过程是不断对比分析、选择与综合的动态过程,译者在这个过程中扮演的角色是积极的、能动的。为了从内容和形式上再现原文信息,译者必定会调动一切有利的手段和方法。无论是词、词组、句子,还是段落、语段、语篇;无论是结构段、自然段,还是语义模块;无论是词素还是音素,译者都会紧紧抓住,予以重视。不同的视野,不同的方法,不同的研究人员对翻译单位的不同理解、不同的切分,其实也从另一个侧面说明翻译单位是多元的、多层次的。

(4) 描写性。

翻译单位多元、动态、相对的性质决定了它必须是指写性的而非规约性的。不管研究的角度如何,研究的方法如何,研究结论如何,对翻译单位的研究必须始终面向翻译实践,为翻译实践服务。

1.5 翻译的分类

翻译可从不同的角度进行分类。

从涉及的语言符号来分类,翻译可分为语内翻译(intralingual translation)和语际翻译(interlingual translation)。语内翻译指的是同一种语言文字内部不同方言(variety)之间进行的翻译,例如,中国普通话与各地方言之间的翻译,书面语体与口语体之间的翻译,如"五四"之前的文言文与白话文之间的翻译;或在不同文体之间进行的翻译，如将散文译成诗歌。语际翻译指的是不同语言之间所进行的语言转换活动，如将英语译成中文或将汉语译成英文等。一般情况下的翻译指的就是语际翻译。

从翻译的手段来分类，翻译可分为口译（interpretation 或 oral translation）、笔译（translation 或 written translation）和机器翻译（machine translation）；而口译又可以分为同声传译（simultaneous interpretation）、交替传译（consecutive interpretation）、视译（sight interpretation）等。

从翻译的题材来分类，翻译可分为应用文翻译（practical writing translation）、科技文献翻译（translation for science and technology）、文学翻译（literary translation）和一般性翻译（translation for general purposes）。应用文体主要包括各类公告、公函、启事、合同、通知等。一般来说，应用文体属于要式文本，格式规范、用语准确。科技文献主要指的是科技论著、科学资料、产品说明等具有专业特色的材料。文学翻译主要指的是文学和文艺作品，如小说、散文、诗歌、戏剧等，文学翻译常以美学为取向，追求译品的艺术等值。

从翻译的处理方式来分类，翻译可分为全译（complete translation）、摘译（partial translation）、编译（translating and editing）、节译（abridged translation 或 selective translation）、译述（interpretation）、综译（comprehensive translation）和译写（translating and writing）等。全译指的是不加删节地将原文翻译出来。摘译是指译者根据具体的需要，选取原文的部分内容或章节进行翻译，一般仅摘取内容为原文的核心部分或内容概要。编译是指译者对原文的内容进行编辑加工。节译指的是在翻译时允许译者在保持内容整体完整性的前提下，对原文进行部分地删节。译述指的是译者在对原文内容进行翻译时，加入了客观的介绍以及自己的看法，而不拘泥于原文的语言表达。综译即综合性的文献翻译，是对同一专题的不同文献（包括不同语言的文本），通过节译和编译，作综合性的加工处理，形成一种符合特定需要的综合性译文文本。译写指译者在翻译过程中融入自己的创作、想象和发挥；一部分是忠实原文，而大部分是译者自己的创作。

1.6　翻译的过程

翻译的过程可以分为三个部分：正确理解，恰当表达和仔细校正。

1.6.1　正确理解

理解是表达的前提，没有对原文准确透彻的理解，就不可能有恰当的表达。所谓"正确理解"，就是要理解原文的词、短语、句子结构、修辞关系以及作者的写作意图等。一般说来，拿到一篇文章，应该通读几遍，结合上下文的词与词、词与句子、句子与句子、段落与段落以及整个文章之间的语法关系与逻辑关系，准确地理解作者所要表达的思想。首先应当了解的是：在任何一种语言中一词多义现象极为常见，这给词义理解带来了困难。英国著名语义学家杰弗里·利奇（Geoffrey Lech）在其著作《语义学》（Semantics）中将"意义"划分为七种类型，即概念意义（conceptual meaning）、内涵意义（connotative meaning）、社会意义（social meaning/stylistic meaning）、感情意义（affective meaning）、反映意义（reflective/reflected meaning）、搭配意义（collocative meaning）及主题意义（thematic meaning），并将其中的第二种至第六种意义用"联想意义（associative meaning）"来概括。

概念意义也称为指称意义或字面意义，它是词语意义的核心部分。由于文化差异，不同民族的人对于词义概念的界定存在着差异，

翻译与建筑

如英语中的 wine 指的是葡萄酒，而中文的"酒"则是一种酒精含量高的饮品。但有时某些英语学习者却在"wine"和"酒"之间建立一种直接、对等的联系，以至于一看到"wine"就直接翻译成"酒"。

内涵意义指的是词语概念意义之外的意义，是概念意义的属性，带有词语使用者的主观态度和感情色彩，时常难以区别。辨别内涵意义无论对于作者还是译者都尤为重要，因为内涵意义常常是区分近义词的关键，如 cry, shout 以及 scream 都可以表达"喊"的意思，但是它们的内涵意义是有很大区别的：cry 强调大声说、大声喊叫，较常用；shout 则是生气或想引起别人注意时的"喊叫"；scream 用以形容因极度痛苦、恐惧或激动而发出的尖声叫喊。同样用以描述偷窃，steal 指的是偷窃且不使用暴力，rob 指的是暴力抢劫，而 burgle 强调强行进入室内盗窃。

社会意义或风格意义指的是词语在发展过程中带有的社会信息，如社会价值观念等，如：在女权运动影响下产生的用以替代"chairman"的"chairperson"就明显地受到女权主义的影响；"negro"则反映出黑人一度受到强烈的种族歧视与隔离。

情感意义指的是词语直接或间接表达交际者的感情、评价、态度的褒贬等，如在英语中"politician"和"statesman"所带的评价是不同的；又如，"顽强"与"顽固"都是形容人做事不肯轻易放弃，却带有不同的感情色彩；再如"ambition"一词可根据上下文分别译为"野心"和"雄心"。

反映意义指的是通过与同一词语的另一意义的联想来传递的意义，也即是常说的联想意义（associative meaning）。如英语中的 owl（猫头鹰）除了表示"做夜工、熬夜的人"这个意思外，常令人联想到"精明、智慧"和"神情严肃的人"之意，例如：An early owl called, but to Charles it seemed an afternoon singularly without wisdom（一只早早出巢的猫头鹰叫了起来，但对查尔斯来说，这个下午却过得毫无智慧可言），He is always as grave as an owl（他老是板起面孔，神情严肃）。汉语里，"猫头鹰"俗你"夜猫子"，也可以用来比喻夜里工作、晚睡的人。另外，因"猫头鹰"在深夜常发出凄厉的叫声，故在汉语里常常与"倒霉、厄运、不吉利"联系在一起；并被认为是一种不吉利的鸟，落在谁家，谁家就要遭殃。因此在汉语中有"夜猫子进宅，好事不来"等说法。

搭配意义指的是一个词与其他词搭配在一起所产生的意义。例如，看报纸（read newspaper），看病（see a doctor 或 see a patient），看不起（despise, disdain），看成（regard as, consider as），看穿（see through），看得起（think highly of），看重（value），看来（it seems, it appears），看见（see, catch sight of），看法（view, opinion）等。

主题意义指的是信息的组织方式，如强调、语序、语调等所传递的意义，如 It is from the sun that we get light and heat（正是从太阳那儿我们获得了光和热），而 We get light and heat from the sun（我们从太阳获得光和热）则没有前一句的强调含义。

这也就从一个侧面看出在理解过程中确定词义的难度很大。到底应该如何做到准确地理解原文呢？从翻译实践的步骤来看，准确地理解原文首先要理解原文词语和句子的意思。从上文的意义分类可以得出，在任何一种语言中一词多义现象是极为常见的，想要弄懂原文意思，必须看词语在具体的上下文中所表达的具体意思。

在看上下文时，首先，应弄清原文的逻辑关系（logical relationship）以便根据目标语言的习惯对译文进行相应的调整，使译文适应译入语的表达习惯。语篇内部意义上的联系，包括顺承关系、因果关系、转折关系等逻辑关系指词与词、短语与短语、分句与分句以及语译者在分析原文结构时，应先找出原文句子的主干部分和重心所在，再分析句子的修饰成分。

其次，指代关系（reference）也是研究上下文时的一个非常重要的环节，如果对原文指代关系把握不准，很容易导致译文指代不明。表达指代系的方式主要包括指示代词、人称代词等，如 it、he、she、this、that、these、those、so 以及它、他、她、这个、那个等。

再者，在研究上下文时，除了应当仔细分析原文的逻辑关系、指代关系之外，要准确地理解原文的意思，必须利用背景知识，正确判断作者的写作意图，从而根据文章的思路和作者的意图选择适当的翻译策略和方法。

翻译是一种跨文化交际，翻译的原文中充满了富有文化内涵的词语，这些文化内涵构成了理解原文的障碍。因此，在理解原文的过程中，译者还必须考虑词语的文化因素，以便正确理解原文的意思。

可以毫不夸张地说，没有准确的理解就没有翻译；翻译是架在不同文化之间的桥梁，译者要跨越时间、空间的距离，与原作者达到心神相通。译者不但要明了词语的确切意义和感情色彩，还要明了句子内外逻辑关系和整个语篇的意向所指。在理解原文这一阶段，遇到有疑问的地方或与上下文意思有出入的地方，务必要及时地查阅资料和字典，吃透原文，为表达阶段做准备。

1.6.2 恰当表达

如果说理解是进入原文的话，那么表达就是要跳出原文。对于原文的正确理解并不能确保表达得恰当。表达能否做到恰当也取决于译者对译入语的掌握与修养。翻译初学者往往受母语思维方式、语法结构和表达方式的影响，在表达方面常常出现"词不达意"的情况，正所谓"理解难，表达更难"。另外，表达的恰当与否也与译者所采取的翻译方法有关。下面简要介绍一下直译与意译两种翻译途径。

（1）直译。

直译（literal translation）指翻译时传达原文内容的同时尽量保持原作的语言形式，包括用词、句子结构、修辞手段等。在不影响读者对译文内容理解的前提下，直译可以保留原文传达的形象、比喻和地方民族色彩。

直译是在译出语的表达方式与译入语相同或相似的情况下采用的一种方式，直译后的译文与原文表达同样的效果，与逐词对译的死译不同。

作为初学者要警惕的是另一类死译，这类翻译晦涩难懂，不符合译入语的表达习惯，让人读后不知所云，如堕雾里。

（2）意译。

意译（liberal translation 或 free translation）是指从意义出发，用词、句法结构、修辞等手段将原文意义表达出来而不拘泥于原作的一种方式。意译可以使得译文更加向译入语靠拢，比起直译更容易为读者理解。意译能够根据上下文灵活地进行选词，按原文的逻辑关系对原文的句序进行适当的调整，使表达更加符合译入语的习惯。

翻译初学者要注意的是切不可将意译与天马行空般的"胡译""乱译"混为一谈。意译主要是在文化差异较大的情况下，为了更好地将意义传达给读者而采取的一种翻译方法，但意译仍然以"忠实"地传递原文内容为原则。"胡译""乱译"则将"忠实"的翻译标准抛于脑后，片面追求译文的"通顺"，望文生义，对原文擅自变更，译出来的东西与原文相去甚远、不堪卒读。

由上可见，直译以语言的共性和文化共性为基础，意译则基于语言的差异性与文化差异。也就是说，在思想内容一致的前提下，译文语言形式与原文语言形式完全对等的情况是存在的，在这种情况下要采取直译；如果原文思想内容的保留不得不以调整或改变原文的语言形式为代价，就得采用意译。直译的缺点在于：在译文与原文语言形式不完全对等的情况下，采用直译会使译文读起来更吃力；而如果在原文形式体现了意义的情况下，也即形式附带意义时，采用意译会失去形式附带的意义，如将汉语诗歌以散文的形式转译成英语就会损失汉语诗歌音韵美，因为平仄声调所带来的韵律美是汉语诗歌不可分割的特征。在具体的翻译实践中，直译与意译是交叉使用的，其运用是否得当必须以"忠实、通顺"为标准，好的译文应该准确地表达原文的意义，且遵循译语的表达习惯。一般说来，直译与意译在不同类型的篇章中运用的比例也是不同的，如法律、政治、新闻文本就要求更多字面对应的准确性较强的直译，而诗歌、散文等文学作品、广告语篇等则对意译情有独钟，以求更强的可读性。因此，采用直译还是意译必须考虑到上下文、体裁、读者等因素。

（3）功能对等。

直译与意译两种途径源于语言差异与文化差异的处理。由此而产生了"强调尽量保持原文形式"与"强调充分体现译文的语言习惯"两种不同的观点和做法。随着翻译研究的深入，关注读者反应为翻译理论与实践提供了一个新的视角，不再是片面强调形式或内容的对等，而将读者对译文的反应与感受作为衡量译文好坏的重要因素。美国翻译家奈达提出的"功能对等"（functional equivalent，即 dynamic equivalent）就是这一思想的代表。这一原则一改传统，不再将着眼点放在两种语言的对比上，转而强调译文读者的感受，不断地寻找原文效果"最近"的译法，即在译文所传达的功效上与原文要对等。功能对等把传神性与传意性放在了第一位，在原语与译文差异较大的情况下敢于抛开原文形式，以求在读者感受方面与原文的效果接近。

在译文的表达阶段，除了根据译文的具体情况，恰当地运用翻译方法之外，还必须注意表达的原则性与灵活多样性的辩证关系，即处理好"忠实、通顺"这个翻译标准的两个方面。表达的原则性指的是翻译的忠实性原则，即坚持忠实地传译出原文的思想内容与文体风格。而灵活多样性则指在不违背原文的思想与风格的前提下，照顾到译文通顺的一面，采取灵活多样的表达方法，不拘泥字面意思，使译文符合译入语的表达习惯，更好地体现原文思想与风格。坚持原则性是第一位的，如在这一点上动摇，译文无疑是不合格的，通顺流畅且准确达意的译文是两方面相得益彰的结果。

在灵活处理译文时，要考虑到译语的表达习惯，例如语篇的连贯与衔接、句序与语序、时态与语态等。只有照顾到这些语言因素，译文才能灵活生动，译文才具有更强的可读性，才有利于思想、风格的传达。在表达时，译者应当有克己意识，也就是克制译者本身的个性，避免望文生义、囫囵吞枣；克制自己的创造欲望，避免天马行空、脱离原文；克制自己的语言定势，避免缩手缩脚、拘泥于字面。翻译是创造性的工作，根据具体的情况具体对待，在实践中总结和积累翻译表达方面的技巧，不断求取进步。

1.6.3　仔细校正

仔细校正是翻译工作的最后一道工序，也是把好翻译质量关的一道重要工序。译者须做好以下几方面的工作：

（1）通读全文，检查译文从整体上是否确切地表达了原文的思想内容，是否有漏译现象。

（2）再一次通读全文，对于译文的语言进行润色，使译文在文体方面保持一致，检查译文中是否有误译现象，处理表达阶段的遗留问题，如晦涩难懂的译文应根据上下文重新进行梳理，以及调整语言的逻辑关系等，使其符合译入语表达习惯。

（3）检查译文在专有名词、数字、地名方面是否有误译情况。

（4）检查译文的标点用法是否统一，以及译文的文稿编辑方面的特殊要求等。

在做翻译的过程中再仔细也不为过，校正阶段译者也不能掉以轻心，大意了事，只有秉承着仔细再仔细的心态才能出高质量的译品。

1.7　译者的素质要求

傅雷认为："事先熟读原著，不求其详，尤为要著。任何作品，不精读四五遍决不动笔,是为译事基本法门。第一要求将原作(连同思想、感情、气氛、情调等等)化为我有,方能谈到移译。平日除钻研外文外,中文亦不可忽视,旧小说不可不多读,充实词汇,熟悉吾国固有句法及行文习惯。……总之译事虽近舌人,要以艺术修养为根本:无敏感之心灵,无热烈之同情,无适当之鉴赏能力,无相当之社会经验,无充分之常识(即所谓杂学),势难彻底理解原作,即或理解,亦未必能深切领悟。"

翻译工作和其他的工作一样,想要做好,必须经历一个勤奋学习长期积累的过程。译者的必备素质概括起来有以下六点:

(1)纯熟的双语能力。

纯熟的双语运用能力是做好翻译工作的首要条件。翻译是在两种语言之间进行的转换,涉及对两种语言的语言结构、修辞手段、思维方式等进行分析和比较。双语语言能力的提高能够增强分析语言的能力,从而准确地理解原语,对原语理解准确性的高低也直接影响到表达的准确性和译文的质量。纯熟的双语能力不仅包括理解原语所需的语言能力,同时也包括驾驭译语表达时娴熟的写作能力,这也是众多著名的译者本身就是名作家的原因。

(2)广博的知识。

翻译家必须是"杂家",应具有百科全书式的知识。翻译涉及各个领域,因而须对各国的历史、地理、政治、经济、外交、军事、文化习俗有一定的了解。专业知识的积累与丰富能够为翻译提供背景知识,以提高翻译的准确性。

(3)敏捷的思维能力。

思维能力包括逻辑思维(抽象思维)与形象思维能力。敏捷的思维能力是分析和处理双语语言材料的必要条件。能否理清原语的层次关系,能否准确理解作品的思想,能否对于作品的翻译要素进行分析,能否恰当地运用翻译方法等,这些无不要求译者在翻译时保持敏锐的思维和洞察力。比如翻译政论文章、学术论文以及科技文献要求译者有较强的逻辑思维能力而翻译诗歌等艺术作品则需要译者有较好的形象思维能力。

（4）高度的责任感。

高度的责任感始终贯穿于翻译的整个过程以及翻译工作者的整个生涯，翻译的过程包括理解、表达和校核。周密的准备是保证译文质量的第一步；仔细通读全文，了解原文的相关知识，查阅译者的背景资料，都需要译者认真周密的准备。表达是翻译中的难点，正如翻译名家严复所说的那样："一名之立，旬月踌躇。"译者的责任心是极为重要的，不因翻译任务急迫而草率行事。翻译的最后一步是校核。译者应该对文字内容、语言表达、文化风格乃至标点符号进行检查。

（5）敏锐的政治意识。

除了具有高度的责任感外，译者还应当具有敏锐的政治意识，这一点应当引起翻译初学者的注意。有时，翻译可能会涉及国家主权、政治立场等问题，正所谓"外事无小事"，译者应当仔细考究，尽可能寻找到出处。例如，我国钓鱼岛的英文译名为"fishing island"，而日本则译为"尖阁列岛"。

（6）熟练掌握翻译理论和翻译技巧。

除上述所列的要求之外，译者掌握必要翻译理论与技巧，就如虎添翼了。理论来自于实践，又回到实践中去指导实践。翻译理论也是这样，在翻译实践中不断地完善更新，又为具体的实践提供方向与指南。对于翻译初学者而言，往往会觉得理论技巧与翻译实践有一定的差距，觉得用不上，但如果能持之以恒，加强实践能力，再结合理论技巧的学习与积累，必能终有所获。

翻译与建筑

Chapter 2

第2章　建筑文本可借鉴的
　　　　翻译理论简述

第 2 章　建筑文本可借鉴的翻译理论简述

2.1　中国翻译理论

中国传统翻译理论只有宏观的论述，缺乏方法论，操作性不强。中国译学的局限性基本体现在三个方面。第一、译学研究的视域狭窄，观念僵化。传统译论在原文与译文对比研究和字词句推敲上颇有建树，但对原文——译文以外更广阔的领域很少涉猎。科学与艺术之争、可译与不可译之争、直译与意译之争等形成了僵硬的二元对立。第二、研究思路和模式缺乏多样性和丰富性。译学研究的对象仍然以文学翻译和学术翻译为主，其题材的翻译没有得到足够的重视。译学主要的理论来源仍局限于中国传统文论，缺乏跨学科的理论支撑。第三、在方法论上，传统译论长于"模糊、抽象的定性概括"而"弱于条分缕析的量化陈述"，在概念层次上做抽象议论得多，少有从实践中得来的第一手数据，少有量化的分析；如有统计数据，也只限于描述统计，仅有简单的百分数等统计量，缺乏追根溯源、探究因果承袭的深入讨论。

2.1.1　信达雅

纵观我国的翻译史，影响最大、最具代表性的人物当推 19 世纪末的著名翻译家严复，其三字原则"信""达""雅"独步中国译界百年，极大地推动了中国译论的发展。他在《天演论》中的"译例言"讲道，"译事三难：信、达、雅。求其信已大难矣，顾信矣不达，虽译犹不译也，则达尚焉。""信"指译文要准确表达原文，不能歪曲原文，也不要随意增减意思；"达"指不拘泥于原文形式，译文要通达明白；"雅"则指译文要简明优雅。简而言之，"信达雅"就是要求译者在翻译的时候要做到：忠于原文（信），准确流畅

(达),文笔优美,富有文采(雅)。因此,我们应该把"信达雅"看作是一个完整的原则体系,这是严复根据自身的翻译经验提出的翻译原则,对我国翻译理论的发展影响极大,至今仍有不少人言必称"信、达、雅"。然而这一理论中,唯"雅"字易起争论,有人对"雅"字提出批评,认为既然要忠实于原文的风格,那么"人雅我亦雅,人俗我亦俗"。应该说这种说法是有道理的,但是,我们评判翻译标准的时候,还要考虑到他们产生的时代背景。在严复的时代,通过翻译介绍到我国的作品很少有现代小说中的那种粗俗的内容和文字,并且当时翻译作品的读者都是崇尚高雅的封建知识分子,从提出的时代背景看,提出这条标准是无可厚非的。而且倘若原作是一部文学作品,则其字词语汇的运用必然是雅亦有文学性,俗亦有文学性,雅俗之对立消失在文学性之中。至于后来随着情况的变化,对上述标准提出修正,也是顺理成章的。

郭沫若对严复的翻译思想就非常赞同,他尤其从文学翻译的角度对其进行了肯定,认为翻译文学作品尤其需要注意第三个条件,即"雅",因为译文同样是一件艺术品。但严复所谓的"雅",是指脱离原文而片面追求译文本身的古雅,随着新文化运动的深入发展,白话文最终取代了文言文,这条标准也已经失去了历史进步性。甚至到20世纪80年代末90年代初,有人认为严复的"信达雅"说,严重限制了翻译研究的视野,长期束缚了人们的思想。严复最初提出"信达雅"并不是作为翻译标准提出来的,但"信达雅"说渐渐被从事翻译工作的人们所接受,对翻译实践起到积极的指导作用。后人对严复的"信达雅"又赋予了新的内容和解释,他们认为"雅"已不再是严复所指的"尔雅"和汉以前的语言形式,而是指保存原作的风格。

2.1.2 直译和意译

直译和意译到了"五四"时期,应新文化运动"启蒙"的要求,使翻译文学成了新文学的主要形式之一，它的文体、思想和创作方法被无数文学爱好者所效法。这一时期，直译、意译和归化译是翻译标准中最具代表性的三种。直译（literal translation）和意译（free translation）是两种不同的译法，很长时间以来人们围绕着这两种译法进行了激烈的争论。直译指的是在语言条件许可下，在译文中不仅传达原文的内容，还尽可能完整地保留原文的修辞风格及组句形式，转达原文意思的时候，使译文的表达形式和句法结构尽量同原文一致起来，能完全对等的就完全对等，不能完全对等的也要大致对等。如，crocodile's tear 鳄鱼的眼泪；chain reaction 连锁反应；gentlemen's agreement 君子协定等。1922年，茅盾在"'直译'与'死译'"一文中写道，"近来颇有人诟病'直译'；他们不是说'看不懂'，就是说'看起来很吃力'。我们以为直译的东西看起来较为吃力，或者有之，却决不会看不懂。看不懂的译文是'死译'的文字，不是直译的"。

鲁迅也是积极主张直译的。意译是指原文的有些内容与形式不宜用汉语直接表达，而是经过解析后以另外的形式表达出来，也就是说更着重于意思的翻译，而不拘泥于表面文字。站在译入语的立场上，按照该国传统的审美情趣和审美标准把原著的内容和思想精神翻译出来，从这个角度讲，意译就是一种归化译。当遇到一些非常熟悉的词语，而这些词语往往可能包含深层含义，如照字面直译，就会闹出笑话，这时就要将深层隐含的意思译出来，既打破原文的语言形式，用译文的习惯表达形式把原文的意蕴再现出来，这就是意译。如，Adam's apple，喉结；at sixes and sevens，乱七八糟；It rains cats and dogs（elephants and whales），大雨滂沱；Don't cross the bridge till you get to it，不必担心过早（不必自寻烦恼）。等等。但如果偏离了原文的内容与风格而随意发挥，如捕风捉影地进行编纂和杜撰，那就成了胡译、乱译。鲁迅在《关于翻译的通信》中对意译做出了这样的批判："译得'信而不顺'的至多不过看不懂，想一想也许能懂，译得

'顺而不信'的却令人迷误，怎样想也不能懂，如果你好像已经懂得，那么你正是入了迷途了。"同时，鲁迅在该信中也批判了"归化"说，"只求易懂，不如创作，或者改作，将事改为中国事，人也化为中国人。如果还是翻译……它必须有异国情调，就是所谓洋气。其实世界上也不会有完全归化的译文，倘有，就是貌合神离，从严辨别起来，它算不得翻译"。

然而，在翻译实践中，直译和意译是不可分割的。很多人在翻译的时候是盲目追求直译，想要把每一个词，每一句话都按原文的表面意思翻译过来，那这样的译文就会生涩难懂。如果原文句型与目的语言的句法规律较接近，词序也一致，本身意思又比较清楚，就可以多用一些直译，这样的译文就比较通顺又易懂，是比较好处理的翻译。虽然直译和意译是相对的概念，但在很多情况下，界定也不很清晰。1946年，朱光潜在"谈翻译"一文中写道："依我看，直译和意译的分别根本不应存在……想尽量表达原文的意思，必须尽量保存原文的语句组织。因此直译不能不是意译，而意译也不能不是直译。"事实上，任何一部优秀的译著都是直译与意译的结合。

2.1.3 异化和归化

异化和归化是另外一种翻译理论的提法，看起来和直译与意译有些相像，但并不是简单的直译和意译，归化和异化是直译和意译概念的延伸，它们更多了一些文化的东西，属于一种策略，而直译意译更多了些技巧的东西，是翻译方法，属于一种语言形式。另外，归化与异化和政治、文化、哲学、诗学等联系紧密，归化与异化在文本选择上有一定影响，因为文本选择，语言形式的改变给读者产生不同的影响和感觉。

归化异化手段下可以用边缘原文翻译正统话语，或者是正统原文翻译边缘话语，直译和意译却只能遵从原文的语言形式，用文言文翻译散文是异化的翻译实践，如果用直译意译的翻译方法是无法判断的，也就是在某种程度上归化异化比直译意译更进步一些。

异化理论的代表人物是美国学者 Venuti，他提出"其目的是要发展一种翻译理论和实践，以抵御目的语文化占指导地位的趋势，从而突出文本在语言和文化两方面的差异"。因此，有时候读他的译文会觉得不通顺，有些比较难懂，他这样做的目的是为了使读者接受外国文化。归化的翻译更具有译入语的本土气息，对于译入语的读者来讲它更通顺容易理解，而且可以避免多义或是歧义。很多情况下原文和译文由于文化差异的存在而找不到对等一致，这时译者往往会采取归化的翻译策略，可见归化也具有弥补语言差异的功能。

2.2　西方翻译理论简述

2.2.1　尤金·奈达（Eugene Albert Nida）功能对等理论

尤金·奈达（Eugene Albert Nida，1914~2011），美国当代著名翻译理论家，曾师从著名语言学家布龙菲尔德和弗赖斯。他学识渊博，涉猎范围十分广泛，精通多种语言，曾长期供职于美国圣经公会翻译部，主要从事《圣经》翻译和修订的组织工作，以及《圣经》译员的培训和理论指导，有着非常丰富的翻译培训和讲学经历。他是一位多产的语言和翻译理论工作者，共发表过文章250多篇，著作40多部，其中学术影响较大的有《翻译科学探索》（Toward a Science of Translating）、《翻译理论与实践》（The Theory and Practice of Translation）、《语言结构与翻译：奈达文集》（Language Structure and Translation：Essays by Eugene A. Nida）、《跨语交际的社会语言学视角》（The Sociolinguistics of Interlingual Communication）等。他是迄今为止美国翻译理论界最著名的代表，也是当代整个西方翻译理论界最具影响的人物之一,在中国产生的影响是十分明显的,他是中国介绍得最多的一位西方翻译理论家。尤金·A·奈达从语言学的角度出发,根据翻译的本质,提出了著名的"动态对等"翻译理论,即"功能对等"。奈达理论的核心概念是"功能对等"。所谓"功能对等",就是说在翻译实践中两种语言间要达成功能上的对等,而不追求文字上的死板对应。在这一理论中,他指出:"翻译是用最恰当、自然和对等的语言从语义到文体再现源语的信息。"根据这一理论,翻译不仅是表面词汇意义上的对等,更是语义、风格和文体的对等,翻译传达的信息除了表层的词汇信息外还有深层的文化信息。"动态对等"中的对等包括四个方面:词汇对等、句法对等、篇章对等、文体对等。在这四个方面中,奈达认为"意义是最重要的,形式其次",因为单纯追求形式对等可能掩藏甚至歪曲源语言的文化意义并阻碍文化交流。

奈达的翻译理论是以目的语和目的语文化为依归,以译文和译文读者为中心的理论。他把翻译看成是一种跨语言、跨文化的交际活动。交际的目的是清楚地传递信息,使得交际双方能够沟通,因此,翻译首先要译意。由于不同的语言表示形式各异,因此译意必须改变语言的表达形式。奈达的所有翻译理论都是围绕这一基本思想展开的。

关于翻译的性质,他先是提出了"动态对等"的概念,具体来说,就是"从语义到语体,在目的语中用切近原文的自然对等语再现源语信息"。传统的翻译方法是以形式为标准的翻译,运用这种方法的译者认为,各种语言大致是相似的,译者可以从一种语言直接转换成另一种语言,这种方法一般被称为"形式对应",也就是重点要放在原文或源语的表达形式上,译者尽一切努力从一种语言的表层结构直接转换成另一种语言的表层结构。奈达认为一个称职的译者,应该经过一个分析、转换、重组和检验的过程,把重点放在原文的内容上,力求使译文读者对译文信息的反应与原文读者对原文信息的反应趋于一致，即译文读者对译文的反应等值于原文读者对原文的反应，翻译必须以读者为服务中心。他说："衡量一个翻译作品必须首先考虑的问题就是检查译文读者会做出什么样的反应，然后将译文读者的反应与原文读者的反应加以比较。换句话说，要判断某个译作是优还是劣，是合格还是不合格，我们必须以读者的客观反应，而不是以译者本人的主观感觉为衡量标准。"如果译文读者对译文信息所做出的反应与原文读者对原文信息所做出的反应基本相等，那么便可认为是合格的翻译。动态对等理论认为翻译的重点不应当是语言的表现形式，而应当是译者对译文的反应，并应把这种反应和原作读者对原文可能产生的反应加以对比。

奈达这一思想引起了不少误解，很多人认为翻译只需要翻译内容，而不必顾及语言的表达形式，所以奈达后来将"动态对等"改为"功能对等"，认为翻译不仅包括思想内容，还包括语言形式。功能对等的翻译，不但是信息内容的对等，而且尽可能地要求形式对等。在某种程度上，形式也表达意义，改变形式就改变了意义。奈达对翻译时改变形式提出五个条件：（1）直译会导致意义上的错误；（2）引入外来语形成语义空白；（3）形式对应引起严重的意义晦涩；（4）形式对应引起作者原意没有的歧义；（5）形式对应违反目的语的语法或文体规范。其实，奈达最初对"动态对等"的定义，即"从语义到语体，在接受语中用贴近原文的自然对等语再现源语信息"，已经对"语体"这种形式因素作了规定，它要求目的语文本在不同的语言结构里尽可能完满地再现源文本旨意，与传统的"自由翻译"或"活译"是不同的，因为自由翻译没有此种要求，往往是毫无节制的自由发挥。

奈达对"功能对等"做了进一步的阐述，认为"最贴近的自然对等"的说法是不够的，可能有几种译文都达到了功能对等，但没有一种译文可以称得上与原文是完美的对等。因此他提出了不同层次的翻译对等这一概念，即"最高层次的对等"和"最低层次的对等"。所谓"最高层次的对等",是指"译文达到高度的对等,使目的语听众或读者在理解和欣赏译文时做出反应,与原文听众或读者对原文的理解和欣赏所作出的反应基本上一致"。所谓最低层次的对等,是指"译文能达到充分的对等,使目的语的听众或读者能理解和欣赏原文听众或读者对原文的理解和欣赏"。在这两种对等之间,还有各种不同层次的对等,因此允许翻译中存在一定程度的差异。

首先,功能对等的翻译策略,即归化翻译策略。在功能等值的原则下,语码的语义意义能产生等值的语境效果时,应"直说还它直说,比喻还它比喻,在消除语言上的差异的同时,保留了言语上的差异"(冯世刚,《翻译通讯》,1982,(2))。保存原文的比喻、形象和民族特色,"不妄解原文的字句"。即用符合译语规范和习惯的对等语再现原文的全部意义。有时,译入语中没有的,而表达功能所必需的,即使生搬硬套原语言的词语和句型也视为正法。

例如:西湖(the West Lake),五指山(the Five Finger Hill),珠江(the Pearl River),白天鹅宾馆(the White Swan Hotel),南天门(the South Heavenly Gate),苏州拙政园(Humble Administrator's Garden in Suzhou)。

运用归化翻译策略来翻译这些出名的旅游景点,使读者甚至是外国读者能得到清楚的意思。保留了这些名字的美学功能,同时也唤起旅游者丰富的想象力。中文字的意义在翻译成英文时完全被保留下来,达到内容和形式的对应。

其次,功能对等的异化翻译策略。在功能等值的前提下,消除语言上的差异的同时,没有保存言语上的特色,源语言表达的概念转换成目标语言表达的概念,是翻译的概念化过程,这是翻译过程的第一步,一般而言,翻译不只是概念的正确转换,还必须涉及源语的修辞环境、作者的修辞意图,即修辞功能。不保存原文的修辞形式和民族特色,词有增减、重复、词性,句型有转换,语序有颠倒,句子有拆、有合、正说和反说互变等译法,应该视为功能对等的异化法。但是作者的意图或语用意义是在句子意义的基础上产生的，受修辞的语言环境的影响。因此，翻译时译者还必须考虑话语的动态意义。翻译单位的择定与所译的文本有着密切的关系。如果源语的语码的概念意义能表达充分的语境效果，即修辞功能语言则成为概念的主要载体，一般目标语言有对等语，自然成为理想的翻译转换单位，常采用直译的方法。如果源语的语码意义不能充分表达语境效果，则必须考虑整个概念段的语言环境和修辞意图，以句子或称小句（罗选民）为翻译单位，一般用意译法。

例如：长城——the Great Wall（伟大的墙）；颐和园——the Summer Palace（夏日的宫殿）；故宫——the Palace Museum（which has been used after the liberation in 1949）；卢沟桥——Marco-Polo-Bridge（马可波罗桥）（Marco Polo is the a foreigner who is the first one to introduce China to the westerners）。这里运用归化的翻译策略，如果运用其他的翻译策略对于外国人而言在理解上会有些困难，同时力求显现在源语中具有的美学功能。

"功能对等"原则把翻译的重点从历来注重信息形式，转移到重视信息内容与读者反应上来，强调译文与原文在交际功能上的对等，而非形式上的对应。在英汉跨文化翻译中的应用，是从语言的功能与意义的角度来探讨翻译的过程中如何寻求功能对等。

因此，在文学翻译中，为准确地在目的语中再现源语的文化内涵，译者应遵循动态对等的几个方面的翻译原则。奈达对功能对等理论作了如下解释，是指译语接受者与原语接受者能获得大致相同的反应，是"和源语信息最接近的、自然的对等"。按照这一解释，"对等"是指与源语取得对等效果，"自然的"是指译语要做到自然，而"最接近的"则意在将两种取向在高度近似的基础上结合起来。因此，这一理论既对源语信息的"忠实"提出了要求，又对译语要符合使用规范和习惯有所要求。根据奈达的理论，作为译者，如果要更好地翻译文本，首要的是尊重接受语，不断思考如何才能更好地表达接受语，而不是随意创造语言。因此，奈达理论在强调译语和源语在信息上尽可能相似的同时，也不排斥翻译的外来色彩。奈达承认源语和译语对等的程度取决于两种语言在文化上的差异性，差异越大，对等程度越低。

2.2.2 Sperber 和 Wilson 提出的语用学关联理论及 Gutt 的关联翻译理论

1986 年，斯波伯和威尔逊（Sperber and Wilson）提出关联理论，该理论基于语用学中的关联原则，从认知心理学、语言学等多个学科的不同角度对人类的语言交际活动进行了分析和研究，把人类语言交际活动与人类认知活动结合起来，不仅阐释了语言交际活动中的话语产出，更重点分析了人们对话语的理解，指出人们的语言交际是一种认知活动，交谈双方通过明示—推理过程理解话语的含义。关联理论提出，人类的话语理解靠的是关联，语言交际双方通过认知与推理过程寻求关联，以理解话语的含义。人类之所以能够沟通思想，是因为人们能够根据语境进行各种推理，寻求最佳关联。事实上，寻求最佳关联就是引导听话人不仅要注意说话人想要表达的语境，而且还要寻找说话人希望对方所做的那种理解。

1. 关联理论

（1）关联理论的形成。

莫里斯（Morris）把语用学看成是探讨语言符号与符号使用者关系的学科，格赖斯（Grice）、奥斯汀（Austin）等认为符号信息和交际意图有关系，是由推理支撑的超符号关系。斯波伯（Sperber）和威尔逊（Wilson）逐渐把语言超符号关系的研究引入了认知的轨道，于 1986 年出版了一本题为《关联性：交际与认知》（Relevance：Communication and Cognition）的专著，提出了与交际和认知有关的关联理论（relevance theory），1995年，他们又推出了第二版。它是近几年来在西方语用学界有较大影响的认知语用理论。

（2）关联理论的两个原则。

第一个原则（认知原则）：认为人们的认知倾向于同最大关联相吻合。第二个原则（交际原则）：交际行为都应该设想为它本身具有最佳关联。认知作为一个心理术语，涉及人对信息的选择、接收、处理、理解和储存的能力和过程，关联则涉及一个省力问题，就语言交际而言，处理最关联的信息是一个自动倾向，语用者总是能够或自然地在所得信息和此间支出的努力两者之间取得最佳平衡，从而获得最佳信息效应。她们提出的关联理论就是基于这种生物心理性质的"经济原则"，把关联定义为认知关联（人的认知倾向于最大程度地增加关联）和交际关联（交际行为所传递的是最佳关联的假设）。

（3）关联理论的观点。

关联理论认为，语言符号的运作或语言交际，从认知角度出发，把语境定义为"一个心理结构体"，它是受话者头脑中关于世界的一系列假设，不仅包括交际的具体环境和上下文的信息，还包括对未来的期待、总体文化概念以及受话者对说话人心智状态的判断等，这些都对话语的理解起重要作用。在语言交际中，受话者对世界的假设以概念表征的形式储存在大脑中，构成用来处理新信息的认知语境。

关联理论认为，话语的关联程度依赖于语境效果和处理努力，语境效果与关联成正比，处理能力与关联成反比。并将处理努力理解为认知语言环境所消耗的脑力，关联性越强，话语就越直接，认知所消耗的脑力越小，给受话者带来的认知负荷就越小；反之亦然。交际中说话人对认知负荷增减的利用就表现为一种交际策略的利用。

2. Gutt 的关联翻译理论

斯波伯和威尔逊的学生 Gutt 将关联理论应用于翻译研究中，1991年出版了《翻译与关联：认知与语境》。在这本书中，Gutt 认为翻译是跨语言交际的过程，属于语言交际行为。译者应准确传达原作者的意图，使读者不需花费不必要的努力即可获得足够的语境效果，从而使原作者和读者达到最佳关联。在关联理论的框架下，翻译中的很多难题都能够得以解决。正因如此，人们将关联理论引入翻译实践中，从而更好地指导翻译研究。

关联翻译理论认为翻译是一种语际间的交际活动，也是一种语用行为。Ernst August Gutt 根据关联论对翻译进行研究，在该书中，Gutt 阐释了关联翻译理论的基本观点：（1）翻译的研究对象是人的大脑机制，翻译是一个明示——推理的过程，推理的依据是语境关联性。（2）关联性是指译者必须运用推理，首先从原文字句中或所谓交际线索体会出原文言者的意图，然后又必须了解译文读者的认知环境，使得译文既能产生原文作者企图让译文读者作出的解释，又不让译文读者费不必要的处理努力。译者的责任是努力做到使原文作者的意图与译文读者的企盼相吻合。（3）最佳关联性是译者努力的目标，也是翻译研究的原则标准。

关联理论的主要特点：语境关联性

Gutt 在《翻译和关联：认知与语境》一文中指出：话语的语境（context）是"用以解释该话语的一系列前提"。"因此，在关联论中，语境并不指话语交际双方外部环境的某一个部分，如某话语（discourse）前后的语段（text）、环境情况、文化因素等，而是指交际双方关于世界假设的一部分，即认知环境"。因而，"欲使交际成功，关键问题就是听者如何从自己的认知环境中利用全部的假设设法选出切合实际的、言者试图传达的那些假设"。在翻译过程中，如何使读者的认知环境与原文作者所想的认知环境相关联，是译者需要考虑的重要工作。而由于翻译涉及两种语言，原文言者与译文读者认知环境不尽相同，加上译者的介入，使翻译过程更加复杂。然而，解决好读者的认知环境与原文作者所想的认知环境之间关联性的问题，翻译过程中其他诸因素会对整个翻译起到建设性的作用。

2.2.3 斯图亚特·霍尔的《编码与解码》

斯图亚特·霍尔（Stuart Hall）是当代文化研究之父、英国社会学教授、文化理论家、媒体理论家、文化研究批评家、思想家。他开启了学术工作政治化的先河。他在文化研究领域具有主导地位和杰出成就，并致力于媒介与大众文化研究。迄今，尚未有人能够超越他。曾任英国伯明翰大学的"当代文化研究中心"（Center for Contemporary Cultural Studies，CCCS）主任。英国文化研究的杰出代表人之一。他最广为人知的重要贡献是提出了一种有关编码与解码的理论，认为受众对媒介文化产品的解释，与他们在社会结构中的地位和立场相对应。他提出三种假想的地位，即：以接受占统治地位的意识形态为特征的"主导—霸权的地位（dominant - hegemonic position）"；大体上按照占统治地位的意识形态进行解释，但却加以一定修正以使之有利于反映自身立场和利益的"协商的符码、协调的符码（negotiated code）"；以及与占统治地位的意识形态全然相反的"对抗的符码"（oppositional code）。这三种立场中，后两种解读方式的提出无疑显示了文化研究力图摆脱阿尔图塞结构主义思想的影响，并开始导入葛兰西霸权理论。他们不再认为文本结构将主导受众讯息接收的结果，而是认为意识形态与被统治者的社会经验之间存在着持续不断的矛盾，其交汇处就是一个意识形态进行斗争的场所，受众成为不断抗争的积极主体。以上所述就是电视传播中风行不衰的"霍尔模式"，这个模式改变了实证主义研究对信息传递者与受众关系的线性理解，认为意义不是传者"传递"的，而是受众"生产"的。这种视角的转变不仅仅意味着发现了积极"生产"意义的受众，而且把受众纳入到了主体间传播关系之中，揭示了阐释过程中所隐含的社会经济关系。意识形态被传送不等于被接受。霍尔的研究成为在特定的社会文化语境中研究受众接受行为的理论背景。此后，文化研究敞开了关于电视受众主动性研究的大门，一种新范式的受众研究兴起并迅速扩展开来。

霍尔在其理论中显然使用了符号学、结构主义和葛兰西的霸权理论。霍尔虽然是针对电视话语提出的编码与解码论，但这模式可以运用于任何话语生产的分析中。

霍尔认为，电视话语好比商品，也要经历马克思主义所描述的生产、流通、使用、再生产四个环节。电视话语的生产环节即信息的编码。霍尔认为任何种类的传播都不是自然生成的，我们在信息发送之前必须对它进行重新构建。然而，信息的构建是诠释的、社会性的，必定受到一系列因素的影响，其中包括可感知的因素，如制度结构、播送方式与网络；隐性的因素，如从业者自身的技术、职业道德、职业观念、知识结构等，甚至还有日常操作程序和历史地界的影响。因而，同商品一样，在编码环节中，编码者必须在一个有意义的话语形式内生产符码。

霍尔借助符号学中索绪尔的论述说明了符号与编码的关系。索绪尔指出语言是一个由能指和所指构成的符号系统。然而，能指和所指间的关系是随意的，这就意味着词的符号和声音与其所指的对象间除了约定俗成外，并无必然的联系。这种主张的结果之一就是，意义是不稳定的，依赖于在话语形式中的构联而成立。此外，霍尔还吸收了罗兰·巴特的语言学思想，即意义有外延（denotation）和内涵（connotation）两个层面，分别指常识与言外之意。所以，能指的各个内涵层次与文化、知识和历史都有密切的交流，人们生活在语言和语意系统中。信息编码完成后，便开始进入了流通环节，也就是信息从编码者被传送到受众的过程。值得注意的是，信息流通的第四个环节——再生产，是与第三个环节——使用，基本上是同时进行的。霍尔认为，编码的信息一经传送，编码者便对其失去了控制权。根据索绪尔和巴特的理论，编码信息的意义仅仅会停留在语言符号的层面，受众对信息的解读会根据自身的语意环境进行，也就是解码可能会是多义的。当然,电视等传播信息有其主流解读模式,但这并不与霍尔的理论矛盾。霍尔解释道,对编码信息的解读还有更深层的社会、文化、历史等原因,解读的多义是由符码之间缺乏相宜性造成的,是因为传者与受众之间关系与地位的差异——不对称性造成的。意义既有一定的开放性,又要受到一定的限制;文本的意义不可能完全由文化符码决定,在很大程度上,它还要受到社会主导话语的影响。

有些符码广泛地分布于特定的语言团体和文化中,人们早就习惯了它们,它们似乎不是被建构的,而是自然地出现的。例如,简单的视觉符号看起来似乎有"近似的普遍性",尽管有证据表明,即使是最明显的"自然"符码都有其特定的文化性。受众的解读模式可能有偏好解读、协商解读、对抗解读。霍尔提出,这三种模式绝对不是分离的,它们之间是互相联结的,就像标尺上可滑动的游标刻度。

解码与编码理论的学术革新

最大的启示:恢复了受众在传播研究的本原地位,传者和受众的关系是平等的。

(1) 从美国经验学派的研究模式上看,无论是定量分析,还是刺激—反应模式,还是使用—满足模式,都把受众当成被动者;视信息传递过程为直线式的传播模式。而霍尔认为,从信息的组成到信息被阅读和理解,每一个环节都是多元决定的。信息在编码过程中可能受职业标准,行业机制和规则,技术设备,个人观念等左右;受众在解码的过程中依赖于文化、政治倾向,以及它们同更宽广的权力框架。

(2) 单波评论道,传播学研究告别了主客体对立意义上的单一主体,转向"主体间性",一是坚持主体间存在的差异性和多元性,二是强调交往。

(3) 将符号分析方法与意识形态等概念合理合情地引入传播研究。霍尔指出了文本的威力,在编码解码模式中,媒介文本被视为分析文化与更广大的社会与政治结构关系的一个重要环节。

翻译与建筑

霍尔提醒研究者，研究的目的不仅仅要了解电视新闻是如何被生产出来的，更重要的是去了解受众意义构建的方式，调查这些信息是如何被解码的。同时，霍尔的理论力图揭示导致意识形态霸权的社会结构和过程，使人们能够批判地思考自身状况，从不必要的传统束缚、意识形态、权力关系中解放出来。

霍尔借鉴了阿尔图塞、葛兰西等人对传统马克思主义的修正，以及民族志、语言学、符号学等多种研究方法。在这篇文章中，他重点运用符号学和文化霸权理论对电视传播中的"编码"和"解码"进行细致入微地分析和探讨，详尽揭示承载着意识形态的电视话语的意义流通过程，以及在解读环节中受众与主导意义结构争夺霸权的实践。霍尔认为，事物本身并没有意义，而是存在这么一些表征系统，通过概念和符号构成了意义。意义生产依靠于诠释的实践，而诠释又靠我们积极使用符码——编码，将事物编入符码以及靠另一端的人们对意义进行翻译或解码来维持。符号学家罗兰·巴特看来，某个符号或符号系统对现实进行意指时，包括两个意指序列（orders of signification）：直接意指（denotation）序列，指符号与其所指对象间的简单关系；引申意指（connotation）与神话（myth）序列，此时符号的引申意义用来代表文化或文化使用者的价值系统。霍尔以此说明"意识形态与话语相交叉所处的不同层次"，从而把电视传播中所使用的符号与社会中更广泛的意识形态领域拉上了关系。由于各种事物——世上的物、人、事——本身并没有任何固定的、最终的或真正的意义。是我们——在社会中、在人类文化中——使事物有意义，对其指意，因而从一个文化或时期到另一个文化或时期，意义常常会发生变化。也就是说，这个意义从来就不只是关于其自身的，而且是涉及文化过程和文化关系的。每一个符号都加入了一个我们称之为文化的意义之网。霍尔的研究成为在特定的社会文化语境中研究受众接受行为的理论背景。

翻译与建筑

Chapter 3

第3章　翻译中的英汉语言对比

第 3 章　翻译中的英汉语言对比

翻译是一种语言活动，是"把一种语言表达的内容忠实地用另一种语言表达出来"的活动，世界上各民族的语言之间有一些共性（language universals）存在，这使得翻译成为可能。语言之间既有共性，更有差异，而正是这些差异又使得翻译存在很多困难。为了更好地理解原文内容并在目的语（target language）中用合适的语言表达原文所传递的意义，本章将从语言层面对英语和汉语之间的异同进行比较。

3.1　词汇

词汇是最基本的语言材料，它是人类语言和生活经验的衔接点。人们若想表达客观物质世界和主观精神世界，首先必须选择恰当的词汇。词汇也是翻译的基本单位。英语和汉语都有丰富的词汇。在英汉两种语言中存在着大量的对应词语，但是由于自然环境、社会历史、文化传统、思维方式的不同，英汉两种语言的词汇在词义、色彩、搭配等方面存在着许多差异。

3.1.1　词义（meaning）

词汇是会表示深层概念的符号，与人类对世界的认知方式密切相关。人类对世界的认知具有一定的共性，所以英汉词语存在着一定的对应现象。总的来说，英汉词语在词文方面存在以下几种对应现象：

1. 完全对应（equivalence）

英汉词汇中有一些词语意义是完全对应的，主要是一些专有名词，如：

gene——基因

Chemistry——化学

Paris——巴黎

社会主义——socialism

北京——Beijing

二氧化碳——carbon dioxide

这些词语在翻译时很容易处理，只需一一将其对应的意思翻译出来即可。

2. 部分对应（partial equivalence）

由于人们对客观事物的命名和概念划分方式不尽相同，无论是在英语还是在汉语中，都存在一词多义的现象。所谓英汉词语的对应，绝大多数是部分义项的对应。例如，英语中的 run 与汉语中的"跑"并不完全等同，run 还可以表示"经营、运行"等意义。具体地讲，英汉词义的部分对应可分为如下几种情况：

（1）英大于汉：指一个英语词语可对应多个汉语词语。如：

operate——操作；动手术

sophisticated——世故的；高级的

aunt——姑，姨

cousin——表兄，表弟，表姐，表妹，堂兄，堂弟，堂姐，堂妹

在英译汉的过程中，应根据具体语境来判断英语词语的确切含义。如果要把 a thick slice of bread, thick soup, a thick line 这几个短语分别翻译成汉语，那么译文相应应该是：一片厚面包，浓汤，一根粗线；而 a thin mist 指的是薄雾，thin soup 为稀汤，a thin wire 意为细金属丝。

再看下面这句话：

She has married all her daughters.

其汉译文应为：她把女儿都嫁出去了。

（2）汉大于英：指一个汉语词语可对应多个英语词语。如：

青色——cyan，blue，green

高——high，tall

借——lend，borrow

家——home，family，house

车——car，truck/lorry，motorcycle，jeep，etc.

肉——flesh，meat，pork，beef，mutton，etc.

裁缝——dressmaker（专做女装、童装的裁缝），tailor（专做男装的裁缝）

在汉译英的过程中，应根据具体语境来判断汉语词语的确切含义，并用恰当的英文表达出来。

例如：

他鼻梁很高——He has a very tall nose.

一根高高的桅杆——a high mast.

再如，"车来了！"这句话若要译为英语，就要判断是小汽车、卡车、吉普车、出租车，还是公交车才能准确地译成 Here comes the car/truck/jeep/taxi/bus! 同样，汉语中句最普通的问候"吃饭了没有？"翻译成英语时，则要视交际的具体时间意为 Have you had breakfast/lunch/supper?

3. 词语空缺（lexical gap）

由于历史文化、自然环境、社会经济生、文化、科技等各方面的差异，有些汉语词汇英语里没有，而有些英语词汇在汉语中难以找到与之对应的词汇，这就造成了词汇空缺的现象，具体表现为：

（1）汉有英无。

一些中国文化特有的东西，英语里找不到对应的词汇，这就是一种汉有英无的词汇空缺现象，中国的农历节气、阴阳五行、中医、武术、道教、八卦，以及一些传统食品等，在英语中没有对应的表达方式，这就给翻译带来了一定的挑战。如：

阴阳——yin and yang

易经——the book of changes

武术——martial arts，kungfu

饺子——jiaozi，dumpling

烧饼——shaobing，baked pancake

再者就是汉语体系中含有量词，而英语体系里却只有数字，没有量词的词类范畴。如：

一轮明月——a bright moon

一支铅笔——a pencil

一架飞机——a plane

一所学校——a school

（2）英有汉无。

一些英语国家特有的语言文化现象在汉语中也找不到对应的表达方式，这就造成了英有汉无的词汇空缺现象。例如20世纪初，西方的一些先进理念刚刚传入中国，出现了一些新词，如science，democracy都是汉语中所没有的，最初人们只好将其音译为"赛因斯"和"德莫克拉西"，后来随着社会的发展，它们才逐渐被翻译成"科学"和"民主"。再如：

humor——幽默

logic——逻辑

jeep——吉普车

romantic——浪漫，罗曼蒂克

win–win——双赢

e–mail——电子邮件，伊妹儿

英有汉无的现象还反映在各自的语言体系里。英语中有一类词叫冠词（a，an，the），用来表达特指（definiteness）或泛指（indefiniteness）的概念，而汉语中却没有这类词汇。如：

The sun is red. 太阳是红的。

A book is on the desk. 桌子上有本书。

The book is on the desk. 这本书在桌子上。

"He is a crazy fellow!" said a Colonel Warren. "他是个疯子!"一个名叫沃伦的上校说。

3.1.2 色彩（color）

一般来说，词语的色彩包括其中语体色彩、感情色彩、形象色彩、联想色彩等。它是人们在长期的语言使用过程中形成的、附加在词语内涵意义（denotation）上的一种外延意义（connotation）。词语的色彩与社会文化密切相关。英汉两种语言的词汇不仅词义不完全对应，即使意义基本对应的词语，其色彩也存在差异。这里我们主要讨论英汉词语在语体色彩与感情色彩上的差异。

1. 语体色彩（stylistic color）

语体色彩是指词语在某一场合长期使用后而产生的附加意义。词语的语体色彩大致可分为口语体和书面语体色彩。口语包括大量的俚语，它是人们日常生活中使用的语言。书面语多用于科技文章、政论文章、公文等语体中。英汉语中对应的词汇往往都具有各自不同的语体色彩，例如：

mother（书面语），mom, mama, mum, mummy（口语）——母亲、母（书面语）、妈咪、妈、娘（口语）

kill——杀、杀害、杀戮（书面语），宰、干掉、弄死、让……上西天（口语）

在英汉互译中要注意判断原文的语体色彩并在译文中采用相应的语体色彩词。例如：

① It was artful of you, Colonel; but I bare no malice. I should have done the same myself. I've been the victim of one woman after another all of life; and don't grudge you two getting better of Eliza.

上校，你们真鬼，可是咱不怪你：要是咱，咱也这么办。咱一辈子总是吃娘们的亏，咱也不怪你们两位占了伊丽莎的便宜。

显然这段话口语语体特点非常明显，故译者采用了口头语"咱"和俚语"娘们"来传达原文中 I 和 woman 的含义。

② 直起身又看一看豆，自己摇头说，"不多不多，多乎哉？不多也"。

Straightening up to look at the peas again, he would shake his head and reiterate, "No many, I do assure you. Not many, nay, not many at all."（杨宪益、戴乃选译）

原文用"多乎哉"这样的古语词来表现孔乙己的迂腐，译文用古英语 nay 实现了译文与原文语体色彩的一致。

2. 感情色彩（emotional color）

感情色彩是词语对客观事物表示感情和态度的附加意义，大体上可以分为褒、贬和中性三种色彩。英汉两种语言中某些基本意义对应的词语往往所传达的感情色彩并不完全一致，如 politics 在英语中含有贬义，而汉语中的"政治"却没有这种色彩，"劳动"在汉语中是一个褒义词，含有高尚的意味，而在英语中 labor 含有艰苦、令人不愉快的含义。在翻译时一定要注意理解词语的感情色彩并正确传达。

从总体上看，英语词语的感情色彩比较模糊，需要根据上下文理解，而汉语词语到一般具有较明确具体的感情色彩。例如：

① But she was so affection and sweet natured, and had such a pleasant manner of being sly and shy at once, that she captivated me more than ever.

她这个小姑娘，感情那样笃厚真挚，天性中温蔼柔和，态度那样羞涩之中含有敏慧，敏慧之中含有羞涩，因此弄得我对她比以前更加倾倒。

sly 这个词既可以表示"狡猾的"（贬义），也可以表示"淘气的"（中性）、"灵巧敏捷的"（褒义）。这里把它翻译为褒义的"敏慧"比较切合上下文。

英语中还有一些类似的词语,既可以表示褒义也可以表示贬义,如 ambitious——雄心勃勃的/野心勃勃的,aggressive——攻击性的/有进取心的,sophisticated——世故的/成熟的,等等。如:

② Many people think that he is one of the most ambitious politicians of our times.

很多人认为他是现今最有野心的政客之一。

③ Although he is very young, he is very ambitious in his research work.

他虽然很年轻,但是在研究工作中很有雄心壮志。

④ They incited him to go into further investigation.

他们鼓励他做进一步的调查。

⑤ The plotters incited the soldiers to rise against their officers.

阴谋家煽动士兵们造军官的反。

3.1.3 搭配 (collocation)

词语的搭配是指词语的共现与组词能力。英汉两种语言由于各自的词汇都存在一词多义的现象,相对应的词汇在搭配能力、搭配范围等方面存在诸多差异。一些词语看似对位,实则不然。例如:

"开"与"open"

开门 open the door

开车 drive a car (c. f. open a car×)

开会 hold a meeting (c. f. open a meeting×)

开井 sink a well (c. f. open a well×)

开灯 turn on the light (c. f. open the light×)

开枪 fire (e. f. open the gun×)

开单子 make out a list (c. f. open a list×)

从以上各例可以看出,"开"与 open 的搭配范围并不相同如汉语中可以说"开灯",而英语中的 open 是不能和 light 搭配的,只能说 turn on the light;"开车"的"开"在英语中只能是 drive,假如"开车"翻译成 open the car,意义就完全改变了。再如:

"run"与"跑"

  run a factory 办工厂

  run the block 冲破封锁线

  run the risk of 冒……的风险

  water is running short 水快用完了

"wear"与"穿"

  wear a coat 穿着衣服

  wear a pair of spectacles 戴着眼镜

  wear a beard 留着胡须

  wear perfume 搽了香水

  wear a smile 挂着微笑

以上各例可以看出,英语的 run 搭配范围显然与汉语的"跑"有很大不同;从中可以看出,搭配对于翻译中词义的确定具有重要意义。因此,初学者在翻译时不仅要注意词语的意义,还要注意各词之间的搭配关系及其搭配意义(collocative meaning)。

总之,英汉词汇各自的语义范围不同,在翻译时要注意词汇意义的准确理解与表达。

3.2 语法(句法结构)

3.2.1 基本语法特征

英语语法和汉语语法最本质的差异可以总结为英语语法是显性的(overt),即可以通过形式看出来词性、语法功能(主语、谓语、宾语等）和语法关系（指代关系、主从关系等），而汉语语法是隐性的（Covert），即汉语的词句从形式上看不出他们的词性、语法功能和语法关系，具体表现如下：

1. 词性

英语的词性可以表现在形式上，相当数量的英语词具有词性词尾，很多时候我们可以从词尾形式判定一个词的词性，从而判断它在句子中的语法功能，获得句子意义，如以 -ment，-tion，-ism，-ness 等结尾的是名词，以 -en，-ize，-fy 等结尾的是动词，以 -al，-ful，-tive 等结尾的是形容词，等等。

除词尾之外，冠词在英语句子中非常重要，它是标定名词词性的重要标志。标定了名词，还有与之呼应的动词，一个句子的结构就基本定型。

汉语的文字体系与英语迥然不同。汉语的词由字组成，而字多数不具备辨别词性的功能（只有少数汉字可称为词头或词尾，如老-、-化、-性）。很多词在不同的语言环境下具有不同的词性，如：

① 他把那个把门的一把拽住。

这句话里，同样的一个"把"字就有三种不同的词性。在这样的句子中只能靠语义分析、语序和虚词等手段才能确定一个词的词性。再如：

② 君君，臣臣，父父，子子。

这句话的理解依赖于上下文，且仁者见仁智者见智，可以理解为"君要像个君，臣要像个臣，父要像个父，子要像个子"，也可理解为"把君当作君，把臣当作臣，把父当作父，把子当作子"，等等。

在英汉互译，特别是汉译英的过程中，尤其要对词性做出准确的分析，以保证正确传达原文所包含的信息。

2. 时态、语态和语气

英语中动词有时（sense）、体（aspect）、态（voice）、语气

（mood）等的变化，都明显地表现在形式上，而且形式比较确定，易于辨认。例如：

① If you go, I'll go too. （时态）

② The writer was assisted in the preparation of his articte. （语态）

③ If you had phoned me, I would not have come to meet you. （语气）

以上例句从动词形式 will go, was assisted 和 would not have come 分别表示将要发生的动作、被动意义及虚拟语气。

而汉语中却没有类似的标志，动词在句中都使用原形，英语中对句式起决定性作用的词尾变化，汉语都可以"尽在不言中"。例如：

① 你去我也去。(If you go, I'll go too.)

② 非杀死一头骆驼不可。(A camel must be killed)

③ 你死了，我就去做和尚。(If you should die, I would go and be a monk.)

上面几个汉语例子实际也分别表达了将要发生的动作、被动意义和虚拟语气，但是从语言形式上却看不出任何标志，时态、语态和语气等在汉语中是隐含的。因此在汉译英中要特别注意对原文的语义分析。

3. 主谓一致

在英语中，一个完整的句子通常要有主语和谓语动词，并且主语和谓语在数和人称方面必须保持一致（SV concord），这是句子构成的基本条件。例如：

① A boy comes. /Two boys come.

② All were damaged, some beyond repair.

③ A lot of money was spent on travel.

而汉语句子的构成机制中就没有主谓一致的规定。在汉语中，句子强调意义而非句子的结构形式，因此主语的地位远不如英语中那么重要，甚至有时可以不出现；而在有的句子中，主语并不明显，理解

为"话题"更为合适,因此主谓关系不像英语在形式上要求那么严格,语义的理解更多是依靠上下文和各句子成分的意义。例如:

① 多少一点困难怕什么?
② 彩电我们都搬回家了。

以上两句中"多少一点困难"和"彩电"很难按照英语的句子的构成机制理解为"主语",而是提出一个话题,后面的内容则是对这个话题的进一步说明。

3.2.2 句子结构特征

有学者曾把英语和汉语的句子构造分别比喻为树式结构与竹式结构,这一比喻生动形象,说明了英汉两种语言组织句子的最基本的规律。英语句子有主干(主句)、分支(从句)与细枝(短语),正如一棵大树;汉语句子往往借助动词,按时间顺序或逻辑顺序层层铺开,像一根竹子,一节一节连下去。

1. 树式结构

英语的树式结构主要包含三层意思:

第一,句子有一个基本的主干。通过观察囊括一切英语句子的七大句型(SV, SVO, SVC. SVA, SVoO, SVOC. SVOA)我们发现主语 S 和谓语动词 V 是必不可少的成分,不论多么复杂的句子,只要找到主语和谓语动词,就能迅速确定句子的基本框架。

第二,句子的所有枝桠都是从主干上派生出来的。英语句子结构的六大成分中,主语、谓语是不可或缺的主要成分,宾语、补语、定语、状语则是连带或附加成分,就像一棵大树先有一根主干,然后分出较粗的树枝,再分出更细的树枝,但大树的基本格局仍是主干,枝叶对其没有太大影响。

第三,句子的扩展仍是在主干的基础上进行的,不影响基本主干。

英语的短语和从句不管多么复杂，都是以不改变句子主干的方式来实现的。下面这首著名的英语童谣就是一个典型的例子：

This is the farmer that sowed the corn,
　　That kept the cock that crowed in the morn,
　　That waked the priest all shaven and shorn,
　　That married the man all tattered and torn,
　　That kissed the maiden all forlorn,
That milked the cow with the crumpled horn,
　　That tossed the dog,
　　That worried the cat,
　　That killed the rat,
　　That ate the malt,
That lay in the house that Jack built.

2. 竹式结构

与英语不同，汉语的句子是竹式结构。汉语句子的竹式结构也包含三层意思：

第一，汉语不存在一个主干结构，没有主干和枝丫之分。从现代汉语来看，有主谓结构的句子和不存在主谓结构的句子大概各占一半，且汉语句子没有主谓一致的要求，不像英语，主干的作用非常重要。

第二，汉语句子的构造方式就像竹子一样是一节一节拔起来的。"竹节"可长可短，可以是词或词组，也可以是短句。

第三，不存在主干的汉语句子，在扩展的时候会引起结构的不断变化。例如：

　　　　　　　梅花
　　　　　　一朵梅花
　　　　　鬓边斜插一朵梅花
　　　　红颜小姐鬓边斜插一朵梅花

从上面的例子可以看出,汉语的句子扩展一般是向左的,呈句首开放型;而英语的句子扩展是向右的,呈句尾开放型。

3.3 语序

语序指各级语言单位在组合中的排列次序。汉语属于分析型语言,曲折变化不发达,对于汉语来说,语序是一种极为重要的语法手段。英语属于综合型向分析型转换的语言,有一定的曲折变化,虽然语序在英语中的作用也很重要,但没有汉语那么突出。

从基本语法特征的角度看,汉语语序的强制性比英语强。也就是说,汉语中语序不可轻易改变,往往改变语序就会引起句子成分语法功能的改变。而英语中,这种改变不会引起句子成分的变化。例如:

① a. 他们完成了任务。

b. 任务他们完成了。

在前一句中,"任务"是"完成"的宾语,句子的重心在于强调"他们"的行为;而后一句中,"任务"成了受事主语,句子的重心变成了对"任务"的陈述。这里,同一词语的句子成分发生了变化,同时,句子的信息重心也随之产生了变化。再看下面的英语例子:

② a. I don't like beer.

b. Beer I don't like.

这里两句话中 beer 都是 like 的宾语,前一句是正常语序,而后一句是倒装语序。可以看出,在英语中,词语在句中位置的改变并不改变其作为句子成分的语法功能。

汉语语序的强制性还表现在汉语语序改变后,往往会引起意义上或语感上的不合格;而英语语序的改变通常只引起句式的变化,不会导致语感不合格句的产生。例如:

a. 他打点行李动身了。

b. 行李被他打点动身了。

后一句显然是语感不合适，因为不符合汉语的习惯。再看下面的英语例句，

③ a. I broke the cup into pieces.

b. The cup was broken into pieces.

二者只存在主动句式和被动句式的区别，不引起意义或者语感上的不合格。

可见，汉语的语序比英语更具有强制性，有时前后稍一改动就会造成意义的重大差别。例如，据说曾经有一位国民党军官犯了错误，上司命令发电报给相关人员处理，他口授了这样的内容：情有可原，罪无可缓。而发报员悄悄改动了两句话的顺序：罪无可缓，情有可原。这小小的改动，却救了这位军官一命。可见语序在汉语中多么重要。

总的来说，汉语的语序比较固定，而英语相对比较灵活。下面我们具体讨论单句和复句层面英汉语序的差异。

1. 单句层面

总体而言，英语和汉语句子里各句子成分的次序大同小异，一般主语都在谓语动词前，谓语动词在宾语或主语补足语之前，定语在被修饰词之前。但也存在一定差异，主要有以下几个方面：

（1）主语和谓语动词的位置。

一般情况下，英语或汉语句子中，主语都在动词前，但在疑问句当中，英语和汉语就有了差别。例如：

① Did you have a good time?

你玩得痛快吧？

按照英语的习惯，疑问句里动词在主语之前，不过英语里的动词常常是由两部分组成的，主语放在 do 之类的助动词之后，实意动词

之前；而汉语中的语序仍是主语在前动词在后，用语气助词表达疑问。一般疑问句如此，特殊疑问句也是如此，例如：

② What did she say?

她说什么？

除了疑问句之外，英语中还有一些句型，动词是放在主语之前的。如 there，here，then 开头的句子，以及表示祈愿的句子等。如：

③ There must be something wrong with the computer.

④ Here comes your friend.

⑤ Long live our friendship!

而汉语仍旧遵循主语在前动词在后的原则，或者使用无主句。上面几句可以译为：

⑥ 电脑肯定出问题了。

⑦ 你朋友来了。

⑧ 友谊万岁！

（2）宾语的位置。

一般来说，英语的宾语放在主语和谓语动词之后（SVO）；而汉语里除这种语序之外，还有一种特有的宾语在主语和谓语动词之间的句子（SOV），例如：

① 我把作业做完就来。

② 他这个人天不怕、地不怕。

还有一种句子在汉语中也极为常见，即把宾语放在主语之前（OSV），如：

③ 这部电影我上星期看过。

④ 那本书我还没看完。

英语中也有这种语序，但不及汉语常见。主要用于感叹句，或者因为对照而把宾语提前。例如：

⑤ What fine things he has got!

⑥ Many things we gladly remember, others we gladly forget.

(3) 定语的位置。

英语的定语可以前置也可以后置,而汉语里定语通常是前置的。对于单个形容词做定语的情况,英语和汉语一般都是定语放在被修饰词之前,英语中也有个别置于被修饰词之后的,如 secretary general。如果是两个或两个以上形容词做定语,或形容词本身带有附加词语,或者是短语做定语,英语很可能把定语放在被修饰词之后,而汉语句子里的定语成分只能全部放在被修饰词之前。例如,

① I refer to literature pure and simple.

我指的是纯文学。

② This is a problem very difficult to solve.

这是一个很难解决的问题。

③ He is a candidate with little chance of success.

他是个当选希望极小的候选人。

英语和汉语中都有多项定语同时修饰一个中心词的情况。英语大体是按照限定性、描绘性、分类性的次序排列。限定性修饰词的顺序是:第一,all,both 之类的限定词;第二,冠词 a,an,the,代词和名词所有格如 my,your,Jack's 等,any,no,every 等;第三,序数词。描绘性定语的顺序是主观评价性词语在前,客观描述性词语在后。其次序是表主观评价形容词——表度、量形容词——表新旧、温度形容词——表形状的形容词——表颜色的形容词。分类性定语顺序如下:表来源(通常是表示国别等)的形容词——表原料等的形容词——表用途等的形容词。汉语中定语的次序大致如下:时间地点定语,领属性定语,限定性定语,短语性定语,国别定语,描绘性定语,本质性定语。试比较:

④ clong, curly, red hair

长长的红色卷发

⑤ Both the two big round carved French wooden tables in the room are bought yesterday.

房间里这两张法国产的雕花圆木桌都是昨天买的。

另外,英汉地名的书写顺序恰恰相反,这也是定语和被修饰词的语序不同的体现。例如英语说 No. 10 Downing Street, London, England,而汉语则是"英国伦敦唐宁街十号"。

(4) 状语的位置。

用作状语的通常是副词和短语。在英语中状语的位置各不相同,大致可以分为如下几种情况:1) 放在主语之前,即句首;2) 放在动词前;3) 复合动词的中间;4) 放在动词后,宾语前;5) 放在句末;6) 放在形容词前。在汉语中,状语通常放在动词或形容词之前,少数以"到""在""给"关联的词语除外,如"说到伤心处""他住在上海"等。

英语中表示程度的状语,单词通常放在被修饰词之前,短语在被修饰词之后。而汉语放在被修饰词之前。例如:

① He is very angry.

② He is angry to a high degree.

而在汉语中这句话恐怕只能表达为:他非常愤怒。

英语中表示状态的状语,如果是单词通常可放在动词之前、复合动词中间或者句末,短语一般只放句末。有时英语表示状态的状语也可置于句首。而汉语的状态状语通常放在动词之前。例如:

① a. He went away quietly.

b. He quietly went away.

c. He went away without a word.

d. Quietly (Without a word) he went away.

汉语里通常只能说:他悄悄地走了。如果说成"悄悄地他走了"或者"他走了,悄悄地"都是为了某种修辞效果而特意地改变语序的结果。

英语中表示地点的状语,一般放在句末。偶尔 here 或 there 这类地点状语会位于句首;而汉语中的地点状语通常还是位于动词之前。

例如：

② He is having breakfast in a small restaurant.

他在一个小餐馆吃早餐。

③ Here he wrote that great novel.

他在这里写出了那部伟大的小说。在这里他写出了那部伟大的小说。

英语中表示时间的状语，通常放在句末，但也可以放在句首；汉语的时间状语通常放在句首或动词之前。例如：

④ a. He left for Beijing yesterday.

　b. Yesterday he left for Beifing.

⑤ a. 他昨天动身去北京了。

　b. 昨天他动身去北京了。

英汉互译时，可以根据两种语言各自的特点进行语序的调整。特别是汉译英时要根据英语的特点灵活处理主语、谓语、定语、状语等的位置。

2. 复句层面

复句即复合句，包括并列复合句和主从复合句。由于英语的语法是显性的，复句中分句之间的并列或主从关系主要靠关联词语来体现，如定语从句、状语从句、主语从句、宾语从句等，各分句的顺序是由语言形式控制的，语序比较灵活。汉语复句中分句间的关系主要靠逻辑关系联接，逻辑顺序受比较严格的规律制约，具体来说，在语言的组织上要有以下几种顺序：时间顺序、大小顺序、因果顺序、重轻顺序。这些规律使汉语的语序相当固定。例如：

① I Had spent a long day on a hired mule before the mail carrier who had been my guide pointed toa cabin on the far side of a stream, mutely refused the money I offered, and rode on.

我租了一头骡子，邮差权充向导，骑了一整天，然后他遥指着河那边的一幢木屋。我给他钱。他默然拒绝,径自骑骡走了。

这句话英语原文包含多个动作,它是以 before,who 和 and 这些词来连接各个或主从或并列的分句,形式严密,但译成汉语就必须依照汉语的习惯,按时间的先后顺序重新组织,若按原句顺序翻译过来的话一定佶屈聱牙,读来很别扭。

② Strolling unescorted at midday past a major concentration of the huts just a block from the city's Central Avenue, I nonetheless saw many signs of occupation.

中午,我在没有导游陪伴的时候独自漫步街头,在中央大道附近发现了一个很大的棚户区,很多茅棚里还住了人。

此句有四个表示处所的词语,在汉译时按照汉语中范围从大到小的顺序,把"中央大道"这一处所前移,比较符合汉语的语序习惯,流畅自然。

再看下面汉译英的例子:

③ 我看见他戴着黑布小帽,穿着黑布大马褂,深青布棉袍,蹒跚地走到铁道边,慢慢探下身去,尚不大难。可是他穿过铁道,要爬上那边月台,就不容易了。

I watched him hobble towards the railway track in his black skullcap, black cloth mandarin jacket and dark blue cotton - padded cloth long gown. He had little trouble climbing down the railway track, but it was a lot more difficult for him to climb up that platform after crossing the railway track.

上面划线部分例句中,汉语的语序是按照时间顺序先后排列,译成英语要变为主从结构,用 after 连接,可见英语有严密的连接手段,关联词语在确定句式方面更加重要,而汉语组句一般遵循意义的连接。

④ 我告诉他,家有老母长年患病,我离国已六七年,想回去看老母,至多两年就出来。

I told him that I had been abroad for six or seven years and that I had to go home to see my old mother, who had been ill for a long time. However, I assured him that I would come back (to France) in two years.

例④中，汉语原文各分句是按照因果顺序来列的：先有"母亲患病"以及"我离国多年"的原因，然后才说到"想看老母"；而英译文中把"想回去看老母"与"离国已六七年"并列作为宾语从句，把"长年患病"处理为定语从句来解释说明"老母"的状况，结构紧凑，改变了原文的语序，但非常符合英语的组句习惯，读起来连贯自然，逻辑性强。

汉语语序按照时间、大小、因果、重轻排列的规律不仅适用于汉语复句层面的语序规律，也适用于总结单句以及短语、词汇的语序特征。例如：

① 自打离开上海我再也没见过他。

I had never seen him since I left Shanghai. （时间）

② 大中小城市 small, medium-sized and large cities（大小）

③ 花快干枯了，他浇上了水。He watered the flower because they were dry. （因果）

④ 中国古代炼金术 the ancient Chinese alchemistry（重轻）

3.4 修辞

本节讨论的是广义的修辞，即遣词造句，不包括积极修辞，即辞格的运用。总的来说，英语和汉语在修辞层次上的差异主要表现为以下几点：

3.4.1 形合与意合（Hypotactic vs. Paratactic）

形合指借助语言形式手段（如关联词等）实现句子的连接，表达语法意义和逻辑关系。意合指不借助语言形式手段而借助词语或分句的意义或逻辑联系实现句子的连接。英语重形合，注重形式衔接（cohesion），要求结构完整，以形寓意，严密规范。汉语重意合，注重意念连贯（coherence），不求结构完整，以意统形，流泻铺排。例如：

① If winter comes, can spring be far away?

冬天来了，春天还会远吗？

② 知己知彼，百战不殆。

You can fight a hundred battles without defeat if you know the enemy as well as yourself.

1. 英语的形合法

具体来说，英语句子的形式连接手段（cohesive ties）主要有以下几种：

（1）关系词与连接词。

关系词包括 who, whom, whose, that, which, what, when, where, why, how 等用来连接主句和定语从句、主语从句、宾语从句或表语从句等的代词、副词。连接词包括并列连词和从属连词，如 and, or, but, yet, so, however, as well as, when, while, as, since, unless 等。这些关系词和连接词几乎是英语句子必不可少的成分，而汉语则很少用这类词甚至不用。如：

① A gentle breeze swept the Canadian plains as I stepped outside the small two-story house.

我步出这幢两层小屋，加拿大平原上轻风微拂。

② When I try to understand what it is that prevents so many Americans from being as happy as one might expect, it seems to me that there are two causes, of which one goes much deeper than the other.

为什么如此众多的美国人不能像想象中那样幸福呢？我认为原因

有二，而二者之间又有深浅之分。

（2）介词。

介词是英语里最活跃的词类之一，是连接词语或从句的重要手段。介词包括简单介词如 in，to，of，with 等，合成介词如 upon，unto，within，throughout 等，以及成语介词如 along with，with regard to，apart from 等。英语句子离不开介词，而汉语常常不用或省略介词。试比较：

(While the present century was in its teens, and on one sunshiny morning in June,) there drove up to … large family coach, with two fat horses in blazing harness, driven by a fat coachman in a three-cornered hat and wig, at the rate of four miles an hour.

（当时我们这个世纪刚开始了十几年，在六月里的一天早上，天气晴朗）契思克林荫道上平克顿女子学校的大铁门前面来了一辆宽敞的私人马车。拉车的两匹肥马套着雪亮的马具，肥胖的车夫戴了假发和三角帽子，赶车子的速度不过一小时四英里。

（3）词语的形态变化。

词语的形态变化包括词缀变化，动词的时、体、语态、语气，形容词和副词的比较级，名词的性、数、格，代词的人称等。例如：

① This is a legacy he had left to me, of inestimable value, which we could not buy, with which we cannot part.

这是他留给我的无价之宝，当时用金钱买不到，现在也不能丢掉。

② Production cost has been greatly reduced.

生产成本大大降低了。

（4）定式结构。

英语中还有许多定式复杂句的结构框架也是一种形合手段，如 it is…to…句型，there…句型。例如：

① It is necessary to know grammar, and it is better to write grammatically than not, but it is well to remember that grammar is common speech formulated.

懂得语法，很有必要。写得符合语法当然比不合语法好；但要记住，语法只是日常言语的公式化。

② There were 10000 students in our school last year.

去年我校有一万名学生。

2. 汉语的意合法

汉语的意合法主要采用以下手段：

（1）语序。

汉语中很多并列和主从复句都不用关联词，但并列和主从关系却很清晰。以因果关系主从句为例，汉语中多数因果句都是先因后果，例如：

① 人不犯我，我不犯人。

We will not attack unless we are attacked.

② 小王今天身体不舒服，别指望他干活了。

Xiao Wang is out of sorts today, hence he is not expected to work.

（2）词句整齐的句式。

词句整齐的句式常用的手段有反复、排比、对偶、对照等。例如：

① 种瓜得瓜，种豆得豆。

As a man sows, so he shall reap.

② 往事不可止，来者犹可追。

Although we cannot undo the past, we can map out our future.

③ 东边闪电出日头，西边闪电必有雨，南边闪电天气热，北边闪电有雷雨。

If it lightens in the east, it will be sunny; if it lightens in the west, it will be rainy; if it lightens in the south, it will be sultry; if it lightens in the north, it will be stormy.

（3）紧缩句及四字格。

紧缩句就是由复句紧缩而成的，即取消各分句间的语音停顿，略去原来分句的一些词语，使之更加简约。四字格是汉语里广为运用的语言形式，往往言简意赅，简洁明了。例如：

① 不到黄河心不死。

Until all is over, ambition never dies.

② 不进则退。

Move forward, or you'll fall behind.

英语更加注重形合，句子结构形式比较严谨；而汉语注重意合，语言比较简洁。因此，在英译汉时往往要先分析句子的结构形式，然后确定句子的意义、功能，而汉译英时往往要先分析句子的功能意义才能确定句子的结构形式。如：

① You try to persuade him now, I talked to him all last night, therefore I've done my part.

你去说服他吧，我昨晚跟他谈了一夜，尽力了。

② 关于禹的出生有许多神奇的传说。有的说，鲧死了三年，尸体还没有腐烂，有人用刀子把尸体剖开，禹就跳了出来；有的说，禹的母亲吃了一种野果，就生下了禹。大家都说禹是神的儿子，是一个聪明、能干、了不起的英雄。

There have been many mythical stories about Yu's birth. One is that three years after Gun was killed, his body still showed no sign of putrefaction, and when someone cut it open, out bounded Yu the boy. Another has it that Yu's mother give birth to him after eating a kind of wild fruit. Anyway, in ancient times, everyone seemed to believe that Yu was the son of a god, an ingenious, capable and peerless hero.

3.4.2 静态与动态 (Stative vs. Dynamic)

英语倾向于用名词，名词不管是抽象还是具体，都指代具有稳定性质的实体，以静态为特征，因而以名词（和介词）占优势的英语，叙述呈静态；汉语倾向于用动词，动词表示行为、活动或变化状态，以动态为特征，因此汉语中的叙述呈动态。

1. 英语的静态特征

（1）名词化（nominalization）。

名词化是英语中常见的现象，是指主要用名词来表达原本属于动词或形容词所表达的概念，如用抽象名词来表达动作、行为、变化、状态、品质、情感等概念。在许多情况下，这种名词优势可以使行文表意更为简洁、灵话。其具体表现有以下几种：

以名词表达动词的概念。一种是用抽象名词表示行为和动作等概念（如以 – ment，– tion，– al 等结尾的名词），另一种是用含有行为和动作意义的普通名词代替动词（如以 – cr，– or 结尾的名词），将动词转化为名词乃是英语极为普遍和有效的构词方法，名词与动词的相互转化正是英语的独特之处。例如：

① His dismissal was a good riddance.

他被解雇了，真是天大的好事。

② He is a good eater and a good sleeper.

他能吃能睡。

以名词代替形容词，使语义结构简化。这种结构表达方便简练，词数少而信息量大，在现代英语中随处可见，在科技英语中尤为常见：

job opportunity discrimination 就业机会歧视

pressure cooker 高压锅

space shuttle flight test program 航天飞机试飞计划

名词优势随之带来介词优势。英语在漫长的发展中逐渐简化了其名词和形容词的形态，促进了介词语法功能的加强，名词的"格"的语法功能，现代英语都由介词来实现，例如，介词 of，for，from，to 等。介词优势与名词优势二者相辅相成，使英语的优势倾向更为显著。例如：

③ The abuse of basic human rights in their own country in violation of agreement reached at Helsinki earned them the condemnation of feedom-loving people everywhere.

他们违反在赫尔辛基达成的协议，在国内侵犯基本人权，因此受到了各地热爱自由的人们的遣责。

（2）动词的弱化与虚化。

现代英语中最常用的动词是 to be，而它也是动作意味最弱的动词，若与 it 或 there 连用则构成的句式静态意味更加明显。试比较：

① There was a tropical storm off the east coast of Florida.

② A tropical storm lashed the cast coast of Florida.

其他动词如 have，grow，get，become，do，go 等也是英语中的弱式动词，其动作意味不强，更具静态感。例如：do some washing，do a little sailing，go shopping 等。

此外，由于英语常常把一些动词转化或派生成名词，这些名词往往要放在一些虚化的动词之后如 take a walk，make attempts，have a look，do some damages 等。这类动词短语往往显得平淡无味，缺少动态感。例如：

③ An attempt must be made to save the pandas.

（3）用形容词或副词表达动词的意义。

英语常用与动词同源的形容词来表达动词的意义，因为有不少动词可以用同源的形容词来表达，如 thank—thankful，create—creative，sympathize—sympathetic，cooperate—cooperative 等。例如：

① I am very thankful to you because you are very cooperative.

你配合很好，我非常感谢。

英语中表示生理或心理感觉的形容词也可以表达相当于动词的意义。如：

② He was unaware of his father's presence.

他当时不知道他父亲在场。

英语的副词也可以用来表达动词的意义，如：

③ He'll be home soon.

他很快就会回家。

④ The Dallas Mavericks had won several matches, but it was out in the semi-finals.

达拉斯小牛队赢得了多场比赛，但却在半决赛中出局了。

2. 汉语的动态特征

（1）汉语动词可以充当句子里的各种成分，并且形式不发生变化，例如：

学不嫌晚。（动词作主语）

我爱中国。（动词作谓语）

他们爱学习。（动词作宾语）

革命不是请客吃饭。（动词作表语）

她咯咯地笑起来了。（动词作补语）

他不停地来回走动。（动词作状语）

汉语的动词可以充当助动词，位于动词之前或动词之后。前置助动词主要有来、去、能、会、要、肯、愿意、应该等。后置助动词主要有来、去、起来、上去、过去等。如

① 我来叫您。

② 走自己的路，让别人说去吧。

汉话的动词还可以充当介词，有些动词和介词可以互用。实际上，汉语的介词多是由动词演化而来。例如：

用人有方（动词）；用左手写字（介词）

她在家（动词）；她在家看书（介词）

（2）汉语的动词常常可以连用。动词连用形成了连动式、兼语式、"把"字句、"被"字句等典型汉语句式。例如：

① 我到办公室去找经理。（连动式）

② 我把李教授请来做报告。(把字式 + 兼语式)

③ 他叫你把那床毯子抱出去掸掉灰。(兼语式 + 把字向 + 连动式)

汉语动词常常重叠或重复,构成丰富多样的动词组合。这些组合可以明显地加强汉语动态感的表现力。例如:

① 让我看看。(AA 式)

② 说说笑笑,跑跑跳跳,孩子们过得十分愉快。(AABB 式)

③ 这个问题大家来讨论讨论。(ABAB 式)

3.4.3 被动与主动 (Passive vs. Active)

被动语态在英语中是一种常见的语法现象,被动意义常常通过形式即被动语态来表达,特别是在科技、法律等正式文体中,被动句的使用更加广泛。而汉语常用主动形式来表达英语的被动意义。这就是英汉语被动与主动的区别。试比较:

① My first thirty years were spent in Western Canada.

我在加拿大西部度过了人生前三十年时光。

1. 英语的被动特征

被动语态在英语中应用相当广泛,尤其常用于科技文章、报刊文章、官方文章等。在这些文体中,使用被动句几乎成了一种表达习惯。英语常用被动句,主要原因有以下几种:

(1) 施事。

人们在表达思想时常使用主动句。但当动作的实施者即施事者(agent)不需要指明或者根本不可能指明时,英语往往使用被动句:

当说话者不知施事为何人,一般用被动句,如:

① The traffic problem in Beijing can be solved by developing public transportation.

当施事无须提及,或者说话者避免提及时用被动句,如:

② Why should the unpleasant jobs be pushed on me?

当需要强调受事者,或者施事不如受事重要,要用被动句,如:

③ My computer was broken yesterday, so I can't get online.

(2)句法或修辞。

英语重形合,注重句法结构和表达形式。当主动式不便表达时,出于造句的需要或修辞的考虑,往往采用被动式。

为了使句子达到更好的平衡,以符合英语句子中的尾重原则(end weight),即主语简短而谓语可以较长的习惯,一般采取被动表达方式,如:

① The view was adopted by those who are fighting for their emanipation.

为使句子前后连贯,便于衔接,往往采取被动形式,如:

② He went to the room and was met by two policemen.

有时为避免句型单调,使表达方法灵活多变,达到一定修辞效果,可使用被动式,令句子干脆、有力,如:

③ The basic English sentence pattern of subject can be varied in many ways.

(3)文体。

科技文体、新闻文体、公文文体和论述文体较多使用被动句,以迎合其表达的需要。科技文体注重实例和活动的客观叙述,力戒作者的主观臆断,因而常常避免提及施事;新闻报道注重客观公正冷静的叙述,所以施事者不宣言明;公文则注重叙述公正无私,口气客观正式,因此也常用被动式。如:

As oil is found deep in the ground its presence cannot be determined by a study of the surface. Consequently, a geological survey of the underground rock structure must be carried out. It is thought that the rocks in a certain area contain oil, "drilling rig" is assembled. The most obvious part of a drilling rig is called a "derrick". It is used to lift sections of pipe, which are lowered into the hole made by the drill. As the hole is being drilled, a steel pipe is pushed down to prevent the sides from falling in.

2. 汉语的主动特征

汉语通常用主动的形式表达英语被动式所包含的意义，有些语言学家称之为"隐性被动"。汉语中被动意义主要有以下几种表达方式：

（1）使用"受事主语＋动词"句型。

按中国人的思维习惯，人的行为必须由人来完成，事物不可能完成人的行为。所以人们在表达时常常把施事者隐含起来，把注意力集中在受事者及行为本身，因此，受事者便充当了主语。汉语中许多表示行为的动词既可以表达主动意义，也可以表达被动意义。所以，"受事主语＋动词"的句型在汉语中很常见，其被动意义是交际者的语感共同认知的。例如：

① 这件事要再研究一下。

The matter must be further discussed.

② 昨晚我盖了两条被子。

Last night I was covered up with two quilts.

（2）使用无主句或主语省略句。

当主语不明或不重要或需要避免提及时，汉语中的无主句也可以用来表达被动意义。而英语的句子注重结构齐整，每句话必须有主语，只好采用被动句或其他句式把施事者省略。例如：

① 禁止砍伐树木。

Tree felling is forbidden.

② 不努力工作就不会成功。

One can never succeed without making great efforts in one's work.

（3）采用通称泛称做主语。

这种通称或泛称主语常用于施事者难以指明或者是不便于采用被动式的情况，通常包括"有人""人""人们""大家""我们"等。英语中也有不定代词如 one, some, somebody, anybody 等，但英语通常采用 it 作形式主语的被动句来表达相应的意义。如：

① 大家知道，电子是极为微小的负电荷。

It is known that electrons are minute negative charges of electricity.

② 有人向他指出表格填得不对。

It was pointed out to him that the form hadn't been properly filled in.

（4）用"被字句"等被动句式。

必须指出，汉语的被动式使用受到句法和语义的限制，用途非常有限。英语中主动句大多可转换成被动句，而汉语主动句大多数不能转成被动句。例如：

① The ceremony was abbreviated by rain.

因为下雨，仪式缩短了。（不能说"仪式被雨缩短了"。）

汉语的"被"字从"遭受"的意义演变而来，主要表达对主语而言不如意的事，而其他表达被动的词如"给""叫""让""受""遭""为……所……"等也多表达不如意或不企望的事。例如：

② 这件事给弄糟了。

It was poorly done.

③ 这家工厂在地震中遭到严重破坏。

This factory was seriously damaged during the earthquake.

汉语的被动式不仅受意义的限制，还受到句法结构的限制，因为被字后面一般要有宾语来表示施事者，所以很多难以说出施事者或者不便指出施事者的句子不能变成被动句。如：

① The sports meeting will be held next Wednesday.

运动会将于下星期三召开。（不能说"运动会将于下星期三被召开"）

（5）其他转换形式。

其他转换形式包括把字式、将字式、"是……的""……的是"式、"加以/予以/抱以"等。例如：

① 隆隆的大炮声把傀儡军吓坏了。

The puppet soldiers were frighted to death by the rumbling of cannons.

② 利用发电机，可以将机械能再变成电能。

The mechanical energy can be changed back into electrical energy by a generator.

③ 历史是人民创造的。

History is made by the people.

④ 推荐我的是一位教授。

I was recommended by a professor.

⑤ 他出现在大厅门口时，观众报以热烈的掌声。

He turned up at the entrance of the hall and was warmly applauded by the audience.

3.4.4 物称与人称（Impersonal vs. Personal）

英语常用物称表达法，即不用人称来叙述，让事物以客观的语气呈现出来。而汉语常常倾向于描述人及其行为或状态，因而常用人称表达法。这一特点主要表现在使用主语和谓语动词两方面。

1. 英语的物称表现

物称表达法是英语中常见的表达方式，尤其常见于书面语，如公文、新闻、科技论著和文学作品这种表达法往往使叙述显得客观公正，结构趋于严密紧凑，语气较为委婉、间接，主要表现是使用非人称主语和被动语态。

（1）英语常用非人称主语表达。注重"什么事发生在什么人身上"，非人称主语句主要有两大类：

一类是用抽象名词或无生命的事物名称做主语，同时使用本来表示人的动作或行为的动词做谓语。这种句式往往带有拟人化的修辞色彩，反映了英美民族的幽默感。这类主语常常被称作"无灵主语"（inanimate subject），表示抽象概念、心理感觉、事物名称或时间地点等，但其搭配的却往往是"有灵动词"（animate verb）。例如：

① Astonishment, apprehension and even horror oppressed her.

她感到心情抑郁，甚至惊恐不安。

② The year 1949 saw the founding of the People's Republic of China.

1949 年，中华人民共和国成立了。

另一类是用非人称词语 it 做主语。It 可用来替代人以外的有生命或无生命物，也可以做先行词（anticipatory "it"、强调词（emphatic "it"）或者用作虚义词（unspecified "it"）代替主语。例如：

③ It has never occurred to me that he was so dishonest.

我从没想过他这么不诚实。

④ It's only ten minutes' walk to the bus stop.

到公交站只有十分钟的路程。

（2）英语常用被动式，采用物称表达法。尤其是 it 做主语的非人称被动式（impersonal passive），往往能把所叙述的事实或观点客观、间接、婉转地表达出来，常见于公文文体、科技文体及新闻文体，这类句式包括：

It is believed that…据认为……

It is reported that…据报道……

It is estimated that…据估计……

It is suggested that…有人建议……

It should be realized that…必须认识到……

It must be pointed out that…必须指出……

It is stressed that…人们强调……

It is considered that…大家认为……

It can't be denied that…不可否认……

2. 汉语的人称表现

汉语比较注重主体思维，这种思维模式往往从自我出发来理解，演绎、描写客观环境这个外在世界中的事物，或倾向于描述人及其行为或状态，因而常用人称。这一特点主要表现在：

（1）使用人称主语。

这里的人称主语不仅仅指人称代词做主语，而是指以人为主体的主语。因为汉语比较注重"什么人怎么样了"，所以常用人称主语表达，例如：

① 他为人和善，因而朋友很多。

His bonhomie often brought him many friends.

② 我突然想到一个好主意。

A good idea suddenly struck me.

③ 近年来热情的读者纷纷致函各地方报纸，对本市的城市建设提出了各种建议。

In recent years local newspapers have been sprinkled with impassioned letter advancing various suggestions on the city's urban construction.

（2）多用主动形式，少用被动式。

中国人的思维习惯重"事在人为"，动作和行为必须由人这一主体进行或完成，事或物不可能自己去进行或完成任何行为或动作。所以，若要说出施事者就用人称表达法，若无法说出确定的人称就用"有人""人们""大家"等这些泛称，若无法采用泛称则用无主句，若人称不言而喻又常常省略人称。例如：

① 他开车时心不在焉，几乎闯祸。

His absence of mind during the driving nearly caused an accident.

② 我们知道。物质占有空间。

Matter is known to occupy space.

③ 发现了错误，一定要改正。

Mistakes must be corrected when they are found.

翻译与建筑

Chapter 4

第4章 翻译中非语言层面的对比

4.1 思维

思维方式与语言密切相关。语言大师吕叔湘先生曾指出"思维方式、思维特征和思维风格是语言生成的哲学机制。语言实际上是紧紧附着在思维这个有无限纵深基础上的结构体"（吕叔湘，1990）。由此可见，语言是思维的载体和思维的主要表现形式，而思维又是语言生成和发展的深层机制。不同的语言群体具有不同的思维方式、特征和风格，这些差异必然会在语言结构中表现出来，所以思维方式的差异正是造成语言差异的一个重要原因。翻译不仅是语言形式转换的过程，而且是思维方式变换的过程。要研究英汉语言之间的转换，就必须深入研究与语言文化密切相关的思维方式。下面我们将概略地阐述汉英思维方式的差异及其在语言上的表现。

4.1.1 整体思维与分析思维

整体性思维与分析性思维是人类思维的两种基本形式。整体性思维把天地、人和自然、社会、人生放在一起从整体上综合考察其有机联系，注重整体的关联性，注重用辩证的方法去认识多样性的和谐和对立面的统一。分析性思维明确区分主体与客体、人与自然、精神与物质、思维与存在，灵魂与肉体、现象与本质，并把两者分离、对立起来，分别对这个二元世界作深入的分析研究，注重从事物的本质来把握现象。由于传统文化的影响，东西方形成了"东方重综合（即整体），西方重分析"思维习惯。

1. 汉语民族的整体思维

中国哲学强调思维上的整体观，阴阳太极鱼的标志就很好地体现了中国的整体辩证思维。两端互补,相反相成,相灭相生。先人从自然万物的关系中产生了"天人合一""万物一体"的意识,经过上千年的发展,有机整体性已成为中国传统思维方式的大特性。这种整体性思维方式对汉语的表现方式有着极深的影响,主要表现为以下几个方面:

(1) 整体观体现的造字构词法。

汉语造字构词注重统一性,具体表现为造字或构词时先确定类属,然后个别区分。例如汉字中的形声字,以部首来统率,与树木有关的都从"木"字旁,如"松、柏、梅、柳、桦、树、林"等;与水有关的皆从"水"旁,如"江、河、湖、海、溪、池、深、浅"等。这就是一种整体思维的体现,每个字都不是孤立的,而是整体系统的一部分。词汇发展了,由单音节词发展到双音节和多音节词,但构词时我们遵循先确定类属、再加以区分的方法。例如汉语首先把事物本身表面或外面包的一层东西统称为"皮"。然后分别给予描写,如"人皮""树皮""兽皮""书皮"等;再如把木本植物通称为"树"。然后把不同的树分别称为"松树""柏树""桃树""柳树""橡树""白扬树"等。英语中就没有汉语这种统一观照的命名方式,如前面所说的各种树,英语分别叫做 pine、cypress、peach、willow、oak、white poplar 等。

(2) 语序上的整体到部分。

整体思维常从全局出发,从整体到部分,强调整体的平衡和统一感,这种整体到局部整体思维模式在汉语表现手法上体现为:

在时间上,汉语单位从大到小,即年、月、日、星期、时、分。例如人们常说 2007 年 6 月 14 日 7 点 50 分,决不会倒过来说 50 分 7 点 14 日 6 月 2007 年。

在空间上,汉语是从大到小,从宽到窄,从远到近,从上到下,从整体到局部。例如地址的写法是:北京市朝阳区吉庆里小区 9 号楼 A 座 1002 室。

在介绍人物时，常先列出头衔后点名，然后从大到小依次列出职务，例如：中国共产党中央委员会委员，中国共产党中央政治局委员，中国共产党中央委员会政治局常务委员会委员，中华人民共和国国务院总理周恩来同志于1976年1月8日不幸逝世。

在叙事时，汉语基本上是从大范围到小范围、由重要意义到次要意义。例如：山里有座庙，庙里有个老和尚救死扶伤。

（3）句子安排的整体性重复。

整体的统一感也体现在汉语的句子安排中，汉语经常出现回环性重复（周遍性重复），这也是中国式整体思维风格的表现。中国古代就有"鱼戏莲叶东，鱼戏莲叶南，鱼戏莲叶西，鱼戏莲叶北"的诗句，这是典型的周遍性整体重复。而英语中就没有这种表达法，例如，镇子坐落在一个山谷里，东面是山，西面是山，南面是山，北面也是山。这句话只能译为：The small town lies in a valley surrounded by mountains。回环重复使汉语句子很有节奏感和形式美。由上例可以看出、汉语常采取全程演绎式的铺叙法，而英语则多用归纳式。

（4）语段结构的浑然一体。

整体思维方式也表现在汉语语段结构中，其特点是流泻式铺排，主调难分、主从难辩，似乎一切信手拈来，自然随意，浑然一体。例如：接着，他继续设想，鸡又生鸡，用鸡卖钱，钱买母牛，母牛繁殖，卖牛得钱，用钱放债，这么一生事的发财计划，当然也不能算是生产的计划。——《燕山夜话》

2. 英语民族的分析思维

西方哲学以分析思维占优势，注重严密的形式论证，它大大促进了西方自然科学的发展。分析性思维强调理性分析，注重个体的独立性，因而形成一种强调以经验为基础，注重形式道科论证的思维定势。表现在语言上是不求全面周到，但重结构上的严谨性。

(1) 词形变化。

分析型的思维模式使英语具有明显的词形变化,从而产生了形式多样的语法形式和较为灵活的语序结构。英语组词造句主要靠词形变化。例如:

tradition—traditional

friend—friendly

regular—irregular

architect—architecture

英语中构词主要用加缀法,词缀的增加带来词性的改变,而词性非常重要,因为它将决定其在句子中的成分。

Landing on the loose, fist-size stones alongside the track, he had to struggle to keep his balance.

这句话中除保留一个主要动词外,其他动词分别变成分词和不定式来说明动作之间的先后关系和因果关系。译成汉语的话就要按时间的先后顺序,他落在铁轨旁拳头大小的散石上,使尽力气才保住平衡。

(2) 语序上的部分到整体。

分析型思维往往从局部出发,从部分到整体、强调形式结构程式。其表现为:

在时间上,从小单位到大单位,即分、时、星期、日、月、年,如2007年6月7点50分,英语应该表达为:at ten to eight a.m, on the 4th of June, 2007。

在空间上,从小到大排列。例如"北京西城区展览路1号",英语应为:No. 1 Zhanlanguan Rd., Xicheng District, Beijing。

在人物介绍上,先公布名字,然后从小到大讲出职务,如汉语介绍周总理逝世的那句话,英语应该这样表达

中国共产党中央委员会委员,中国共产党中央政治局委员,中国共产党中央委员会政治局常务委员会委员,中华人民共和国国务院总理周恩来同志于1976年1月8日不幸逝世。

January 8th, 1976 saw the death of Zhou Enlai, premier of the State Council of P. R C, member of the Standing Committee of the Political Bureau of the Central Committee of C. P C, member of the Political Bureau of the Central Committee of C. P C, member of the Central Committee of C. P. C.

在叙事上,从小范围到大范围,从次要意义到重要意义。例如: heal the wounded and rescue the dying; the families who have a small house or no house at all.

(3) 语段结构的环环相扣。

分析思维体现在语段安排上就是英语的语段结构是分析型多层环扣式语段结构,即并列或者主从关系从形式上明显地表现出来,整个语段中的各个成分用各种连接词体现主从关系或者并列关系。例如:

This instrument works on the principle that each individual substance emits a characteristic spectrum of light when its molecules are caused to vibrate by the application of heat, electricity, etc. and after studying the spectrum which he had obtained on this occasion, Hillebrand reported the gas to be nitrogen.

4.1.2 具体思维与抽象思维

具体思维是指头脑对形象思维分析的活动。它是利用具体的形象素材来集中地再现客观存在,以反映基本的质与规律。抽象一词源于拉丁文,原意指分离、排除或抽出。抽象思维使人们在认识过程中借助于概念、判断和对立的思维形式反映客观事物。从总体上看,汉文化思维模式倾向于具体,常常以具体的形象表达抽象的内容;西方思维模式具有较强的抽象性,多使用抽象表达法。

1. 汉民族的具体思维偏向

中国传统哲学在注重"玄览"的同时,有倡导重具体、重物象的思维风格。传统思维模式极为重视以物象来体现或比喻抽象的事物。这种思维风格表现在汉语中，主要是在表达上"实""明""直""显""形""象"，即措辞具体、涵义明确、叙述直接，常常借助于比喻和形象，比较平易朴实（down to-earth style），汉语表达上的具体主要表现在以下几个方面：

（1）用词倾向于具体。

汉语常用实的形式表达虚的概念，这是因为汉语缺乏像英语那样的词缀虚化手段，需要用具体的词语表达抽象的概念。试比较：

① 那时他们最渴望的就是结束这摇摆不定的局面。

What they wanted most at that time was an end of uncertainties.

② 任何国家都不能自称一贯正确。

No country should claim infallibility.

（2）大量使用动词而不用抽象名词。

汉语使用动词的倾向在前面我们已经做过论述。由于汉语中动词优势的特点，动词在使用时非常灵活、方便，英语中常用抽象名词的地方汉语常常用动词，看下面这句话：

① Starvation was a remote threat.

要把它译成地道的汉语，我们可以说：他们一时不必担心饿死，如果说"饥饿是个遥远的威胁"就非常别扭，不符合汉语的习惯。

在一些公示语中，汉语倾向于使用动词，如：

② 谢绝参观！

③ 非公莫入！

这两句译为英语就要用名词结构：

② Inspection declined.

③ No admittance except on business!

（3）使用形象性词语。

汉语中形象性词语相当丰富，有大量的比喻、成语、谚语、歇后语等，这些词语的使用使汉语在表达法上更有具象的特点，从以下各例中可以看出来：

  远见卓识 far‐sightedness

  伶牙俐齿 eloquence

  水乳交融 perfect harmony

  望穿秋水 await with great anxiety

下列句子也是很好的证明：

① 他等着她来，急得像热锅上的蚂蚁。

He waited for her arrival with a frenzied agitation.

② 他这一阵心头如同十五个吊桶打水，七上八下，老是静不下来。

His mind was in a turmoil these days and he was quite unable to think straight.

（4）使用丰富的量词。

汉语善用具象的思维风格还表现在量词的丰富多样中。不论是具体的还是抽象的事物，汉语都倾向于把它们度量化、单位化，例如：一支笔、一朵花、一匹马、一寸光阴一寸金，等等。

2. 英美民族的抽象思维偏向

抽象思维的特点是能从纷繁复杂的表面现象中概括事物的本质，并从个别上升到一般，能从总体上认识和把握事物。英美民族把抽象思维看作是一种高级思维（superior mind），是文明人的一种象征（mark of civilized man），抽象模糊的意义也迎合了人们的某种表达需要，因此抽象表达法成为一种流行。英语的抽象表达主要在于大量使用抽象名词。

因为英语有丰富的词义虚化手段，所以大大方便了抽象表达法的使用。这些手段主要有：

（1）用虚化词缀构词。

英语中有相当数量的前缀和后缀能够使词义虚化，其中后缀数量最多、分布最广。常见的前缀有 pan‐，inter‐，trans‐，pro‐，ultra-, multi-等。常见的后缀有：-ness, -tion, -ism, -sion, -ence, -ment, -ance, -ity, -ship, -hood, -ing等。这类词缀构成的抽象名词词义广泛，在英语里到处可见，例如：

Those virtues which characterize the young English gentlewoman, those accomplishments which become her birth and station, will not be found wanting in the amiable Miss Sedley, whose INDUSTRY and OBEDIENCE have endeared her to her instructors, and whose delightful sweetness of temper has charmed her AGED and her YOUTHFUL companions.

（2）用介词表达比较虚泛的意义。

介词在英语里非常活跃，可以构成各种各样的短语或成语，其意义有时甚至虚泛得难以捉摸。如：

in on：

① I'd like to be in on the scheme.

我很想参与这项计划。

② Are you in on her secret?

你知道她的秘密吗？

be in for：

① I am afraid we are in for a storm.

恐怕我们要赶上暴雨了。

② I'm in for the 800 meters.

我参加八百米赛跑。

4.1.3 悟性思维与理性思维

悟性思维也称直觉性思维，这种思维模式重视实践经验，注重整体思考，因而借助直觉和感觉从总体上模糊而直接地把握认识对象的内在本质和规律。理性思维注重科学、理性、分析、实证，必须借助逻辑，在论证、推演中认识事物的本质和规律。汉民族的思维方式重悟性，英美民族则重理性。

1. 汉民族的悟性思维

对中国人思维方式影响最大的三种哲学——儒家、道家与中国佛教都非常重视悟性。悟性思维对中国的语言文化影响普遍而深远，在文学、绘画、医学、宗教等方面皆有诸多表现，在语言上的表现如下：

（1）汉语重悟性的突出表现是意合。

意合的语言呈现出文学上的跳脱，特别是主语，代词和连接词常常略去不提，但是，意念流仍然大体清晰，跳脱部分，全凭"悟性"体味。如：

雨是最寻常的，（它）一下就是两三天，（不过）（你）可别恼。看，（它）（正在下着），（它）像花针，（也）像细丝，（它）（那么）密密地斜织着，（以至于）屋顶上全笼着一层薄烟。

正如上例看到的，重直觉和悟性的思维必然导致语言的高度简约化。而语言的高度简约化又会反过来要求读者（听者）具有语言和直觉悟性，久而久之就形成了整个民族思维风格的传承。

（2）悟性思维导致汉语表述的广泛模糊化。

模糊化主要表现为：词性模糊化——汉语很多词的词性并不清楚，如"经济"可做名词也可作形容词；语义模糊化——比如"中央和地方"中的"地方"，界定就不明，到底是省、是市、还是一种统称；句法成分模糊化——汉语中常常难以确定主、谓、宾、动、状、补等句子成分，如"谁有闲工夫打听这事"这句话，到底是"有闲工夫"做"打听"的状语，还是"打听"做"有闲工夫"的补语，语法学家尚未给出定论；单复句界定的模糊化——如"我并没说什么，不过说了句顽话"这句是单句还是复句，语法学家们也是各持己见；动词形态的模糊化——如汉语动词没有时态、语态，语气这些形态标志。以上种种模糊化集中表现为汉语语法的隐含性。

（3）歇后语的运用也是悟性思维的表现。

中国民间的歇后语，通常由前段和后段组成，二者有意义上的联系，但实际运用时，说话者常隐去后段，只说出前段，要人从前段自己悟出后段，从而形成一种思维上的跳跃，这也是悟性思维的一种体现——要别人去顿悟。歇后语是汉语特有的现象，是中国智慧的产物，也是其他语言所没有的。

例如：

① 外甥打灯笼——照舅（旧）

② 猪八戒照镜子——里外不是人

2. 英美民族的理性思维

自从古希腊哲学家亚里士多德开创了形式逻辑以后，形式逻辑与理性主义就对英美民族的思维惯产生了深刻的影响。理性思维重逻辑理念，在语言上主要有以下表现：

（1）英语重形合是理性思维的表现。

形合就是用各种语言形式手段如形态变化、连接词等来表达语法和逻辑关系，它是英语表达法的一个重要特点，使得英语语言形式呈现出严谨的组织化程度。例如：

So if a man's wit be wondering, let him study the mathematics; for in demonstrations, if his wit be called away never so little, he must begin again。

（2）英语语法讲究精确性。

精确性是西方近代思维方式的一大特征。理性的严密推理往往从命题出发，英语基本句型中主语和谓语缺一不可，正是形式逻辑基本命题的需要。另外，英语的语法具有显性的特征，强调形式上的完整清晰，各种语法成分之间的关系必须通过形式准确地标定，如并列关系、从属关系、指代关系等。

例如：

① And then there was another Sunday and we were at Beon again that

Sunday, and Russia came into the war and Poldand was smashed and I did not care about Poland, but it frightened France.

② The cook turned pale, and asked the housemaid to shut the door, who asked Brittles, who asked the tinker, who pretended.

从以上种种例句我们可以看出,英语是融理性思维与严谨的语言结构于一体的典范。

4.1.4 顺向思维与逆向思维

顺向思维是指按事物发展的先后顺序来进行推理、叙述或判断;逆向思维是指从截然不同甚至完全相反的角度来传达同样的信息。下面我们仅从几个方面对汉英民族顺向思维与逆向思维的差异做一简要介绍。

1. 时序表达上的后馈性与前瞻性

总体上说,汉民族由于历史悠久,重视回顾历史、尊重经验等,其思维传统是后馈性的,即面向过去来区分时间上的前后,而英美民族则崇尚科学和理性,对自然和未来的发展富于好奇心,喜欢预测未来,提出假设、理论等,其思维方式是前瞻性的,即面向未来来区分时间上的前后。这种截然相反的思维角度在语言中也有所体现。汉语用"前"指过去的时间,用"后"指未来的时间;而英语恰恰相反,用 back 指过去的时间,用 forward 指未来的时间。因此,汉语中有"前无古人,后无来者""前事不忘,后事之师""前赴后继""史无前例""前所未有"等说法;而英语中,这些"前"就变成了"后","后"也变成了"前",如 But we are getting ahead of the story.(不过我们说到故事的后头去了),这句英文就不能译为"不过我们说到故事的前头去了"。

2. 时间与空间排列顺序上的大与小

汉语在日期、钟点和地点上的表达多从大到小,而英语则习惯于从小到大。例如,"大中小城市"在英语中是 small, medium-sized and large cities,这一点在"整体思维与分析思维"部分已有论述,此处不再赘述。

3. 地理方位上的横与纵

在表达地理方位时,中国人习惯于先说横向方位名称,然后说纵向方位名称,即先"东西"后"南北"如东南、西北、东北、西南。而英美人习惯于先纵向后横向,southeast, northwest, northwest, northeast。另外,在纵坐标轴上,"南北"的顺序也各不相同:中国人习惯于先南后北,如"南辕北辙""南征北战",而英美人习惯于先北后南,如"转战南北"英语的说法是 fight north and south。

4. 叙事上的迂回与直接

在叙事上,汉民族习惯于从侧面说明、阐述外部环境,最后点出话语的信息中心;而英美民族往往直截了当,把重要信息置于醒目位置。这表现在篇章结构上就是中国人写文章讲究起承转合,而英美人写文章往往开门见山,且章节脉络一目了然。表现在句式结构上就是汉语句式结构多为修饰成分较多,头长尾短,而英语多为句末重心,头短尾长。例如:

① 昨天上午八点半在博物馆门口我遇到多年未见的中学同学。

I met my middle school classmate at the entrance of the museum at 8:30 yesterday morning whom I haven't seen for years.

② 昨晚在音乐会上,她弹钢琴弹得漂亮极了。

She played the piano beautifully at the concert yesterday evening.

5. 视觉思维倾向的差异

汉英民族思维顺序的差异也反映在认知世界,观察事物时所采取的不同视觉倾向,主要表现在以下几个方面:

视角完全相反。如汉语中常说的"打八折",英语常说 give somebody a 20 percent discount 或 20 percent off;汉语中的"抢险车",英语为 a breakdown lorry,汉语中的"寒衣",英语则为 warm clothes;汉语中的"消防队",英语为 a fire brigade。

视觉侧重点不同。这从一些事物的命名上有充分反映,如汉语的"挂钟",英语叫 wall clock,汉语侧重方式,英语侧重地点;汉语的"隐形眼镜",英语称为 contact lenses,汉语侧重外形,英语侧重方式;汉语的"戒指",英语叫 finger ring,汉语侧重功能,英语侧重直观;汉语的"教学大楼",英语为 classroom building,汉语强调的是用途,英语侧重组成部分;英语中叫做 lipstick 的东西,汉语叫"口红",汉语强调产品使用后的结果,而英语侧重其应用部位。

观察着眼点不同。如中国人把金属分为"黑色金属"和"有色金属",相应的英语表述是 ferrous metal 和 nonferrous metal,前者着眼于金属表面呈现出的颜色,而后者着眼于金属的成分;汉语的"随手关门",英语常表达为 close the door behind you,汉语的表达着眼于手,而英语表达则着眼于人所处的位置;汉语的"仰卧""俯卧"是以面向为准,而英语表达方式 lie on one's back,lie on one's stomach,则以腹、背为准。

4.2 文化

何谓文化?关于文化的定义可谓多种多样。著名翻译理论家尤金·奈达曾将文化定义为"某一人群及其生存环境中所特有的各种活动、思想及其在物体和活动过程中所表现出来的物质形式的总和"。英国人类学家泰勒所下的定义是"一个复合的整体,其中包括知识、信仰、艺术、法律、道德、风俗以及作为社会成员而获得的任何其他的能力和习惯"。简言之,文化就是某一社会群体的整个生活方式（way of life）。语言与文化密不可分，相互作用。文化制约和影响语言的发展，语言是文化的载体，体现和反映文化。一位优秀的译者除了通晓两种语言文字外，还必须了解两种文化，深刻理解两种文化之间的差异。所以翻译者要注重培养和提高对文化差异的敏感性。下面简要叙述中西方文化差异及其在语言上的体现。

4.2.1 观念体系

由于文化形态不同，中西方在价值观念上存在很大差异，如 old 一词。"老"在汉语中表达的是尊敬的概念，如称某人为"张老""李老"是对其莫大的尊敬。"老先生""老爷爷"等称呼也充分体现了中国人"尊老爱幼"的传统美德。然而，在英美人看来，old 是"不中用"的代名词，其意暗含老矣无能之意。英美人不喜欢别人说自己老，更不会倚老卖老。当有人对年纪大的外宾说"约翰先生，请坐。你年纪大，别累着"时，在中国人看来，这是对老人的一种关心，体现了尊老爱幼的美德，而如果把这句话直译为 Please sit down, Mr. John. You are old. Don't get tired。这位约翰先生会很不高兴，他会以为你暗示他风烛残年、老态龙钟。英美人不喜欢称他们为 grandma，grandpa，更喜欢直呼其名，因为这类称呼与"精力、体力、能力下降"这一意义联系在一起。

在中西方文化中，宗教观念的差异体现非常明显。佛教在中国有近两千年的历史，佛教思想已深深植根于中国人的脑海里，对中国人的思维方式和语言表达产生了深远的影响。例如佛教认为求得真理的最好办法是静默、沉思等，之后真理会自然然地显现，所以中国人的思维强调悟性，强调不言自明，不重视理性和逻辑推理，在语言上体现为语法的隐性，重意合不重形合。佛教语言也从方方面面渗入了中国人的生活中：中国人生活中的词语许多跟佛教有关：刹那、解脱因缘、意识、觉悟等，还有一些俗语也来源于佛教，如：放下屠刀，立地成佛；苦海无边，回头是岸；恶有恶报，善有善报，等等。在英美等国家，人们信奉基督教。反映在思维方式上，就是西方人认为思想观念和现实世界之间存在着直接的联系，因此高度重视理性和逻辑，相信只要遵循正确的逻辑步骤就能求得真理。表现在语言上就是注重形式的严密，即语法上的形会。基督教在英美人生活中的影响从其丰富的相关词汇、短语和表达方式中可见一斑，如 go to hell, bear one's cross, Man proposes, God disposes, God help those who help themselves 等。

4.2.2 自然条件

由于中国和英美国家自然、环境、气候等方面的迥异，也带来了汉英语言上的一些差异。中国地处北半球，来自太平洋的东风吹到地处东北信风带的中国，带来了一股暖流，是春季气候转暖的主要原因；而西风或西北风往往来源于西北高原，是凛冽的寒风。英国地处北温带，属海洋性气候，代表春天的到来的是西风。对于英国人来说，西风才是暖风，是生命的催化剂。英国处于高纬度，来自极地的东风异常寒冷，东风在英国是刺骨的寒风。由于地理位置的悬殊，西风和东风在两种文化中引发不同的联想意义，汉语中有"万事俱备，只欠东风""等闲识得东风面，万紫千红总是春""东风汽车""东风百货"等。英国诗人雪莱的《西风颂》就是对春的赞美和企盼。"东风汽车"没有直接翻评成 east wind，而是译成 Areoles（风神），就是考虑到中西文化的差异。

在中国，普遍是河水东南流，所以有"一江春水向东流"等诗句，而英国河流大多向西北方向流入大海，所以"功名富贵若常在，汗水亦应西北流"只能译为"but sooner could flow backward to is fountains/his stream than wealth and honor can remain"，译语用 flow backward 来避免东西方因河流走向而引起的误解。

中国幅员辽阔,地大物博,人们长期以来从事农业,几千年以来最发达的是农耕文化,所以"牛"一词在汉语许多习惯用语中出现,如"牛脾气""牛刀小试""俯首甘为孺子牛"等。英国是个岛国、海岸线很长,渔业比较发达,所以,英语 fish, water, sea 和许多表达方法有关。如:a poor fish(可怜虫),to fish for fame and honours(沽名钓誉),all at sea(不知所措),keep one's head above water(奋力图存)等。中国人用"牛饮"来描述喝酒特别多的情况,英国人则说 to drink like a fish;汉民族人们的生活离不开土地,固有"挥金如土"一说,而英语中则用 spend money like water,比喻花钱浪费,大手大脚。

4.3　习俗

习俗文化与日常生活和社交生活中的社会风俗、习惯紧密相连。世界上不同国家、不同民族有不同的风俗习惯和交际礼仪,风俗习惯往往反映一个国家或民族文化的外在特色。

4.3.1　称呼与称谓

在汉文化中,称呼与长幼、尊卑有关。幼小的、年轻的必须尊敬老的、年长的,地位低的必须尊敬地位高的。称呼比自己年长的人时,我们常常说"老李""李先生""张叔叔""王阿姨""何大妈"等。称呼比自己职位高的人要用其头衔加姓来称呼表示尊重,如"张局长""马院长""刘书记"等;在家庭成员之间,对长辈一定要称呼"爷爷""奶奶""爸爸""妈妈"等,绝对不能直呼其名。

在英语文化中,社交场合人们一般是用 Mr, Mrs, Miss, Ms, 加上姓氏来称呼,不管地位高低,如 Mr. Smith, Miss Brown 等;有时也可以用职业或头衔来称呼，如 President Bush, Professor Halliday, Dr. Nida 等，但是这种称呼应用范围有限，不像汉语中使用那么广泛；熟悉的人之间一般直呼其名，不仅平辈之间或者对同事、朋友如此，对长辈也可以用名字直接称呼，甚至对老板和上级也可直呼其名。

4.3.2　问候

中国文化中，人们相遇打招呼喜欢说"吃饭了吗？""到哪里去？""上班去啊？""还在忙啊！""还没休息啊！""下班了？""刚回来？"等等。这些问候语自然地道，并没有什么特别的含义，只是打个招呼或引出话题而已，也表示一种互相关心。可以具体回答，也可以笼统地回答"办点事""出去趟"等。如果你回答"还没吃呢"，对方也不一定要请你吃饭。

在英语文化中，问候语往往比较简单，如 hello, hi, good morning/afternoon 等，回答相同；也有一些问候语是以 how 引导的特殊疑问句，如 How are you? How are things going? 其功能也仅是打个招呼，因而总是期待肯定的答复，在比较正式的场合，可以用 It's very nice to meet you.

4.3.3　拜访

在中国，拜访一般不预先通知主人，原因大概是这样一来怕主人要花心思准备饭菜饮料等，会给主人造成负担，这是客人所不愿意的，也有的是想给主人来个惊喜，所以，不速之客多于预约的拜访。一般客人来后都要泡茶招待，主人如果问客人想喝什么，往往得不到直接回答，这是因为中国的做客习惯是"客随主便"。斟茶时一定要双手端着茶杯送到客人手里才是礼貌的表现。喝茶的过程中主人会不断地为客人添水。客人不能把茶喝得精光,多少要剩一点,因为喝得精光是贪婪的表现,是不礼貌的。客人告辞时,主人多表示挽留,客人起身要走,主人要为其送行,并说一些客套话,如"请慢走""请走好""不远送啦""有时间再来"等,而客人则常说"请留步""不要送了""快请回吧"等,表示主人不必麻烦。

在英美国家,拜访他人首先要预约,与对方约好见面的时间、地点及内容。应邀到别人家里做客,到达要准时,不要早到也不要迟到(要注意不能到得太早,否则主人会觉得措手不及)。拜访时常给主人一点小礼物,如一束花、一盒糖果等。主人家一般备有多种饮料,通常他们会问客人喝点什么,这时最符合西方礼仪又让主人高兴的方法就是做出具体的选择。在餐桌上,英美人常说 help yourself(请自便),而不是亲自动手给客人盛菜。告辞之前,要提前向主人暗示,可以说"I'm afraid I must be off now",并且对主人的招待表示感谢"It's been a wonderful evening",有时第二天还要写张感谢便函或专门打电话感谢主人让你度过了一个非常愉快的夜晚。

4.4.4 致谢与答谢

致谢是文明社会的一种礼仪规范,是对他人帮助的承认,是促进人际关系的文明举动。汉文化中感谢语的使用因人际关系不同而各不相同。关系亲密的人之间几乎不用道谢,尤其是家庭成员之间,我们常听说"自己人,谢什么谢",因为汉民族人们之间关系越亲密客套越少,用了感谢语反而显得疏远和冷淡,是"见外"了。如果涉及公务往来和工作关系,如服务人员和服务对象的关系,纯属职责范围,并不属于帮助别人的情谊,也不必使用道谢语。英语文化中无论是家庭成员间,同事朋友间,还是上下级之间,不认识的人之间,只要别人为你做了一点事,提供了一点帮助,哪怕只是指指路,递个东西,你都必须道声谢,否则便是不礼貌。在英语文化中,"thank you"无处不在,人们事事都把它挂在嘴边,甚至上课时学生回答不出问题,老师还会说"谢谢"。英语常用的致谢语有:thank you, thank you very much, many thanks, a thousand thanks, It's very nice of you, I really don't know how to thank you enough,等等。

对对方的致谢必须做出回答,这就是答谢。汉语往往用否定形式,意在回绝,谦虚地表示不值一提,或者理应如此,用不着感谢。比如"甭客气""不用谢""不谢""没关系""不要紧",等等。而英语中常用的答谢语有:It's my pleasure; You are welcome; That's OK; Don't mention it 等。值得一提的是,汉语中的"没关系""不要紧""没事"相当于英语的 That's all right 或 That's OK,千万不能译成 It's doesn't matter 或 Never mind,因为这两句英语是对致歉语的回答用语。此外,汉语里的答谢用语"这是我应该做的"也不能想当然地译为 It's my duty 或 That's what I should do,因为在英美人看来,"职责""应该做的"给人的感觉是:你帮助我并非出于自愿,而是外界强加的责任而已,这正是英汉文化的差异所在。

4.4.5 称赞与回应

称赞是对别人的赞美和欣赏,称赞是一种交际活动和礼仪规范。汉语文化以谦逊为美德,中国礼貌制度的最大特点是"贬己尊人"。对自己或与自己相关的事务要"贬",要"谦",如自己的见解称"愚见",自己的文章为"拙文";对对方或与对方有关的事务要"褒",要"赞"以示尊敬,如"贵国""贵公司""高见""大作""久仰大名",等等。值得注意的是,称赞要分对象和场合,往往是上级对下级,父母对子女,长辈对晚辈称赞的多;反之,赞扬过多则有阿谀奉承之嫌。

在英语文化中,称赞有多种功能,人们在交际中十分重视称赞的作用,乐意听到别人对自己当面的称赞,也乐意称赞别人。赞美他人可以是对他人的肯定和鼓励，可以表达谢意，也可以作为打招呼的形式或引出话题的方式。英语中常用的称赞语有以下几种：①名词短语＋is/look＋形容词，如：The chicken is great! Your dress looks so nice! 等；②人称代词＋动词＋名词短语，如：I like your blouse. You did a good job! 等等；③That's＋形容词＋名词，如：That's a very beautiful skirt. 英语的称赞语中，80%以上都使用一些褒义的形容词，如 nice, good, beautiful, pretty, great, terrific, excellent 等。

对于称赞语的回答，汉英文化各不相同。汉语中对称赞语的反应往往是"拒绝＋否定"的模式，不接受或不正面接受赞扬，这反映了中国人视谦虚为美德的传统。听到赞扬时，中国人常回答"哪里哪里""过奖了""不敢当""还差得远呢"等，表示受之有愧。有时若是女性被赞美长得漂亮等，往往还会觉得不好意思。而英语中对称赞语的回答常常是"接受＋同意"的模式，表示对人的礼貌和尊重。通常会表示感谢，有时还会补充说明一下来历等，例如：

——This is such a fantastic flat! I really like it!

——Thank you, in fact, I spend two weeks decorating it.

4.5 历史

这里所说的历史是文化的历史发展与文化的历史沉淀在各自语言中的表现，尤指一些传统说法、成语典故、格言警句等。

汉语成语里蕴涵的特定文化意义非常丰富，如"四面楚歌""名落孙山""东施效颦""卧薪尝胆"等。

四面楚歌：项羽和刘邦原来约定以鸿沟东西边作为界限，互不侵犯。后来刘邦觉得应该趁项羽软弱的时候消灭他，就去追击项羽部队，布置了几层兵力，把项羽紧紧围在垓下，这时，项羽手下的兵士已经很少了，粮食又没有了。夜里听见四面围住他的军队都唱起楚地的民歌，不禁非常吃惊地说："刘邦已经得到楚地了吗？为什么他的部队里面楚人这么多呢？"说着，心里已丧失了斗志，便从床上爬起来，在营帐里面喝酒，并和他最宠爱的妃子虞姬一同唱歌。唱完一会儿，项羽骑上马，带了仅剩的八百名骑兵，从南突围逃走。边逃边打，到乌江畔自刎而死。因为这个故事里面项羽听见四周唱起楚歌，感觉吃惊，接着又失败自杀，所以后人就用"四面楚歌"这句话，形容人们遭受各方面攻击或逼迫的人事环境，而致陷于孤立窘迫的境地。

名落孙山：在宋的时候，有一个名叫孙山的才子和一个同乡的儿子一同到京城，去参加举人的考试，放榜的时候，孙山的名字虽然被列在榜文的倒数第一名，但仍然是榜上有名，而和他一起去的那位同乡的儿子，却没有考上。不久，孙山先回到家里，同乡便来问他儿子有没有考取，孙山既不好意思直说，又不便隐瞒，于是，就随口念出两句不成诗的诗句来"解元尽处是孙山，贤郎更在孙山外"。从此，人们便根据这个故事，把投考学校或参加各种考试而没有被录取，叫做"名落孙山"。

负荆请罪：战国时，蔺相如因多次为国争誉立功，被封为上卿，位于大将廉颇之上。廉颇心中不服，扬言如见到蔺相如就要羞辱他。蔺相如为顾全大局，多次退让躲避廉颇，致使廉颇深受感动。于是廉颇便光着上身，身背荆条到蔺相如家请罪，从此两人结为生死之交，赵国亦将相和睦，国势大振，因此，"负荆请罪"就表示完全承认自己的错误，请求对方惩罚。

英语中的许多说法如 January chicks, green revolution, loneliness industry, white elephant, blue Monday, blue stocking, talk turkey, face the music 等都具有一定的历史文化内涵。

January chicks：来源于乔叟的《坎特伯雷故事集》，是其中《商人的故事》中的一个主人公，名叫 January，他是 Lombard Baron 在六十岁时与一位叫 May 的漂亮姑娘结婚后生的一子，所以 to have January chicks 指"老来得子"。

Green revolution：19 世纪末 20 世纪初，由于石油利用率大幅提高，农业生产中开始使用许多以石油为原料生产的化学产品，如农药、化肥、塑料薄膜等。这些石油化工产品广泛应用于农业，大大提高了农业生产力，这一现象后来被农业专家和历史学家称为绿色革命，即农业生产上的大革命、大革新。

Loneliness industry：由于现代工业文明的发展，越来越多的子女不与父母住在一起，美国 20 世纪六七十年代出现了大量的孤寡老人，他们无人照顾，生活艰难，成了社会问题。因此后来美国政府下定决心建立一种为孤独老人服务的社会项目，叫做 loneliness industry。因而 loneliness industry 指为孤独的人们服务的社会项目。例如：The United States has now set up a loneliness industry。美国现在已建立了一种为孤独老人服务的社会项目。

White elephant：古罗马国王把白象送给自己不喜欢的朝臣作为一种惩罚，因为白象食量大，使主人不堪重负，故 white elephant 指庞大无用而累赘的东西。例如：A motor car would be a white elephant to him, because he can't drive.（汽车对他来说毫无用处，因为他不会开车。）

Blue Monday：原指四旬节前的最后一个星期一，英美等国的人们习惯在这天开始痛饮，后来这个词语的意思发生了变化。人们度过轻松愉快的周末后，星期一上班工作时心情郁闷，20 世纪 50 年代多米诺的独唱歌曲 Blue Monday 风靡一时，使该词广为流传。

Blue stocking：在 18 世纪伦敦有一个设在 Montagu 夫人家的俱乐部，男女成员相聚，以书刊评论和文化讨论代替无聊的闲谈，一反当时流行的吃喝玩乐、高谈阔论的风气。由于该俱乐部成员不穿绅士们常穿的时髦黑色长袜，而是穿普通蓝色长袜，被伦敦上流社会称为"蓝色俱乐部"，后来人们渐渐地就用 blue stocking 指"自视博学多才而貌不惊人的女子"。

典故多为形象生动的故事浓缩而成。英语中许多典故采自圣经和希腊罗马神话及古代寓言等,他们在英美文化中留下了深深的印记。比如 the apple of discord 来源于希腊神话,传说厄里斯女神未被邀请参加 Thetis 和 Peleus 的婚礼,她就把刻有"给最美丽的女人"的金苹果扔到参加婚礼的女神们中间以引起争端。结果特洛伊王子把苹果给了维纳斯,因为她许诺给王子天下最美丽的女人,这间接引起了古希腊人和特洛伊人之间的特洛伊战争。所以 the apple of discord 的意思是"争斗的原因或根源"。在英译汉时,熟悉英美文化历史传统有助于我们把握原文的隐含意义。Archille's heel 同样来源于希腊神话,传说 Archille 出生时被母亲握住脚跟倒浸在冥河中,因而除了脚跟外,他身体的其他部分刀枪不入。但是在特洛伊战争中,它被特洛伊王子 Paris 用毒箭射中脚跟身亡。所以人们用 Archille's heel 比喻唯一致命的弱点。

汉语里的很多俗语同样打着历史文化的烙印,如"月老"(介绍人)、"老泰山"(岳父)、"穿小鞋"(压制不同意见)、"戴高帽"(赞扬,奉承)、"抓小辫"(找岔子)。英语中一些俗语也与其历史文化紧密相关,如 Ark(避难所),Eden(乐园),Shylock(放高利贷者),baby-kisser(笼络人心的政客),kick the bucket(翘辫子),skeleton in the cupboard(不宜外扬的家丑),carry coals to Newcastle(徒劳无益,多此一举),meet one's Waterloo(遭到惨败),rob Peter to pay Paul(拆东墙补西墙)等。

4.6 社会心理

社会心理指由于各个民族的历史文化传统、生存形态、行为模式和交往原则等各不相同,因而形成了人们不同的社会心理习惯。现就英汉民族社会心理方面的几个问题比较如下:

4.6.1 集体主义与个体主义

中国人注重群体关系的和谐、群体目标的统帅和群体利益的维护，个体包含在整体之中，其核心是整体的利益，古代人提倡"修身、齐家、治国、平天下"，这里修身只是一种手段，目的是为了家、国与天下，可见古人是以后者为重的。中国文化强调人与人之间的和谐相处，把整个社会当成一个"大家"，尊老爱幼、亲仁善邻、谦虚谨慎、互相关心，也有舍小家顾大家之说，譬如上古时期的大禹为了治水"过家门而不入"，备受赞誉。这种集体意识体现在人们生活的方方面面：如人们见面打招呼问"哪里去啊？""吃了没？""干吗去呀？"都是表示一种亲密无间和关心；路遇不认识的人可以称呼"爷爷""大爷""大娘""大姐""大哥""小妹妹"等，因为在人们的潜意识中，大家都是"一家子"；人们闲谈之间常问及年龄、收入、婚姻状况等，即使是不熟悉的人谈论这些话题也不会觉得别扭，甚至有时还会热心地帮人介绍对象等；有意思的是男女之间谈恋爱被称为是"儿女私情"：这里的"私"显然与"公"相对，显示出它是自私的，不顾大局的。中国人的集体主义还反映在一种集体无意识和从众心理上，"不患寡而患不均"也许是这种集体无意识的写照。汉语中很多习语和成语都含有对集体主义的颂扬，如："独木不成林""众人拾柴火焰高""三个臭皮匠，顶个诸葛亮""众志成城""大公无私""一枝独秀不是春"，等等。

西方人重视个体的独立，在西方文化中，个人是一个独立不依赖他人的自主实体。所以个体主义（individualism）的核心是强调每个人的价值必须按其本人的意愿与表现来对待和衡量。它不同于中国人心目中的"个人主义"，因为"个人主义"是"自私自利"的象征。在英美人看来，个体主义是一种积极的、奋发向上的精神，强调自我奋斗、自我控制、自我完善。在美国人的家庭中，孩子成年后他们有权利选择自己的生活,也承担由此而发生的所有相应的职责,他们十八岁以后要离开父母独自居住,独立承担上大学的费用,即使是贷款也要自己还清。个体主义还强调个人的自由,这是个人自我实现的前提与条件,如言论自由、参加游行示威的自由、选择职业的自由等。由于个体主义强调个人,在考虑问题时往往突出个人利益,西方法律就非常注重对个人隐私权的保护。日常生活中约会一定要事先约好时间,突然造访是不会受到欢迎的;吃饭时如果事先没有说某人请客,就要各付各的账单;不要随意问人的年龄、收入、婚姻状况等隐私性的问题,除非对方主动提起。英语文化中的个人主义在语言上也有很多表现,如英语中有很多以 self 开头的词语来表达个人价值:self-awareness(自我意识),self-dependence(自立),self-fulfilling(自我实现),self-reliance(自我依靠),self-admiration(自我赏识)。

4.6.2 尊卑观念与平等观念

汉文化由于重视集体主义,所以注重秩序的概念,"国有国法,家有家规",秩序、等级的观念深入人心,如尊卑有别,长幼有序等。这与中国封建社会持续了两千多年之久不无关系,正所谓"君君、臣臣、父父、子子"。在当代中国社会这仍然是需要注意的:如称呼长辈或者上级绝对不能直呼其名,只能用亲属称谓或者以其职位相称,如大伯、二哥、王局长,等等,否则便是对对方极大的不尊重;孩子起名字绝对不能用父母或祖辈的名字,否则是一种不敬,甚至在古代中国皇帝叫什么名字,百姓就不能用这个名字;在家庭里,孩子不能顶撞父母,而父母打骂孩子则天经地义。

基督教文化强调上帝面前人人平等,也许这就是西方平等精神最初的源泉。美国《独立宣言》指出:众人生而平等。这种平等的思想表现在生活的方方面面;学生在课堂上可以与教师辩论;人人可以批评政府或总统,甚至拿总统开玩笑;二十岁的年轻人可以对八十岁的老人直呼其名，对父母也是如此，等等。

汉文化中，人们遇到不相识的人，需要互相介绍时，一般先介绍年纪大、身份比较高的长者，然后介绍年纪小、身份地位比较低的，这样才符合礼貌。而英语文化里介绍人认识时，首先提及妇女的名字才算有礼貌。例如：Mrs－Johnson，this is my colleague，Mr. Wolf。

4.6.3 数字观念

数字在各民族文化中都被赋予一些象征性的含义，在各自的文化心里中产生不同的联想。数字不仅是度量单位，古希腊哲学家毕达格拉斯（Pythagoras）认为，数字是本原，是那种与所有东西保持内在联系的不变的结合物。在英汉文化里，都有一些吉祥数字和避讳数字。

在汉文化中，人们比较喜欢偶数，从"好事成双""四通八达"这类词语中可见一斑；客人来家里做客，菜的个数一定是偶数才好，否则就是对人的不尊重。其中六和八乃最吉祥之数。六在汉文化里象征着顺利，"六"越多就越顺。在中国古代，民间称亲属为六亲，尊奉的神为六神，结婚男方向女方送六礼，音乐、舞蹈各六种，畜生也分六畜，等等。这说明六在汉文化里是一个极有分量的数。八在中国文化里占有十分重要的地位，对八的崇拜很可能源于八卦。八是发达兴旺之数，因其谐音与"发"极其相似，168（谐音"一路发"），518（谐音"我要发"），888（谐音"发发发"）之类的号码备受青睐。值得一提的还有数字九，因为传说龙有九个儿子，它在中国传统文化中是与帝王有关的数字，如官廷中的九龙柱、九龙壁等。现在，九仍是最为吉样的数字。据说在1993年香港举行的拍卖会上，9号车牌以1300万港元成交而引起轰动。而提到数字四，由于谐音的关系，往往被认为是不吉利的数字，因为"四"和"死"发音极为接近。所以车牌或电话号码尾数如果含有四就很不受欢迎，尤其是14

(谐音"要死"),514(谐音"我要死"),444(谐音"死死死")。

在英语文化中,偶数被看作是阴性的,被动的,而奇数则被看作是阳性的,主动的。英美文化中,(three)是一个极为重要的数字,three 代表三位一体(the Trinity),基督教认为人由肉体、心灵和精神组成(body, mind and soul);世界分为三部分:陆地、海洋和天空;三代表出生、生命和死亡;代表过去、现在和未来;代表男人、女人和儿童。甚至他们的政治制度也是三权分立的。数字七表示运动着的整个宇宙,在英美文化中是一个神奇而又吉利的数字,例如,地球七大奇迹(seven wonders of the world),天使居住的七重天(the seven heavens in which the orders of angels dwell),人们常用的七连灯台(the seven branched candlestick)等,而且上帝在创世纪时第七天是休息日。今天,英美国家的人对七仍然非常重视,如美国制造的波音式飞机型号分别为 707,727,737,747 等;而神探 007 更是家喻户晓。不过,十三在英美等国可是一个不吉利的数字,据说出卖耶稣的是他的第十三个门徒犹大(Juda),他为了贪图十三块银元而背叛了耶稣,传说魔鬼要有十二个女巫陪伴,共十三个成员去参加集会。西方人把十三看成大忌之数,重要活动不可安排在 13 日,共餐不可 13 人同桌,楼层、电梯、门牌号码等也都尽量避免 13。如果 13 日这天恰好赶上星期五,那更是倒霉透顶的日子,因为耶稣受难时正是星期五。

4.7 审美

世界各族人民在审美观念上往存在很大差异:一个民族认为是美的事物在另一个民族看来可能并不是美的,甚至是丑的。这种差异是各民族不同的传统文化、民族心理、社会生活方式的体现。就汉语文化和英语文化来讲,各自的审美观也是大不相同。比如西方人是白种人，但喜欢晒太阳，把自己晒成浅麦色，以此为健康，以此为美。但中国人是黄色人种，却喜欢美白皮肤，有"一白遮百丑"之说，以肤白为美。再比如对待胖与瘦的态度。汉语中有"心宽体胖"之说，胖是有福气的象征，是"高贵相"。如果说某人胖了或发福了便意味着对他的赞美，说明生活过得比较顺心。人们见了小孩子也常说"胖嘟嘟""白白胖胖"等，表示对小孩子的喜爱；而英语中的 fat 是一个含有贬义的词语，英美人对 fat 一词讳莫如深，因为发胖常被看作是体质下降、愚笨的象征，用它来形容人非常不礼貌。《牛津高级英汉双解辞典》中对其用法的注释如下："fat is the most usual and direct adjective to describe people with excess flesh, but it is not polite…the most neutral term is overweight."所以英美人形容人胖多用 overweight。

4.7.1 关于动物

再比如一些动物和鸟类，在不同文化氛围里，其美感也各不相同。如"龙"与"凤"，"猫"与"狗"，"喜鹊"与"老鹰"等。

龙在汉文化传统中是勇敢、吉祥的化身，所以中国人自称为"龙的传人"，汉语中许多与龙有关的词语都是褒义的，如"龙飞凤舞""龙腾虎跃""望子成龙"等。而在英语文化中，龙（dragon）是一种可怕的怪物，既像蛇又像鳄鱼，有翅有鳞，且能喷火吐烟。在开天辟地的神话里，龙是一种凶猛的原始动物，必须由神把它消灭。后来就有了许多骑士战胜恶龙的故事，从英国最早的史诗《贝奥伍夫》（Beowolf）对龙的描绘，我们可以大致领略西方龙的形象。由于这种差别，"亚洲四小龙"到英语里就变成了"four tigers"因为英语中 tiger 代表忠诚、勇敢和力量；而"拦路虎"则译成 a lion in the way，因为他们认为狮子是百兽之王，是力量的象征。

在汉文化里，凤凰是传说中的一种神鸟，寓意"高贵""祥瑞"

"美丽",如"龙凤呈祥"形容幸福美满,"丹凤朝阳"预兆稀世之瑞,"凤毛麟角"比喻稀世之珍,等等。在英语文化中,凤凰(phoenix)是一种不死鸟,每五百年再生一次,它是复活、再生的象征,如:We all thought the airline was finished when it went bankrupt, but it rose like a phoenix from the ashes. (当航空公司倒闭时,我们以为公司一切都完蛋了,然而它却像凤凰一样从失败的灰烬中获得了新生。)

汉语文化中狗的形象多为贬义,常被比喻为供人使役的牲畜或助人作恶的帮凶等,如:"狼心狗肺""狗急跳墙""狗腿子""狗屁不通""狗眼看人低""狗嘴里吐不出象牙"等,甚至落水的狗也要痛打一顿——"痛打落水狗"。在英美国家,狗被视为人类最忠诚的朋友,如 lucky dog(幸运儿),top dog(最重要的人物),love me, love my dog(爱屋及乌),dog does not eat dog(同类不相残),every dog has his day(凡人皆有得意日),等等。

在汉文化里,猫是最得人缘的爱畜,也是民间的吉祥物。它还有一些别名如天子妃、财喜。现在有很多商家店铺都供有"招财猫",象征富贵发财,这大概是源于宋元时期的谚语:猪来贫,狗来富,猫儿来,开质库(当铺)。在英语文化中,因为猫既温柔又狡诈,人们似乎对它有种不信任感。猫被看作是女巫的帮凶,常被比喻为坏女人、泼妇、长舌妇,甚至妓女。英语中猫的象征意义贬大于褒,如:a cat in the pan(叛徒),make a cat's paw of something(利用他人做工具),put the cat among the pigeons(制造麻烦)等。

喜鹊在汉文化中被视为喜庆的象征,人们出门做事如果听到喜鹊叫,这就预示着能心想事成。喜鹊落在门前,预示喜事或贵客来临,人称"灵鹊报喜";民间传说中还有喜鹊搭桥让牛郎织女相会的故事,因此喜鹊也就成了促成美满姻缘和预兆喜讯的象征。相反,在英美人的观念里,喜鹊(magpie)是一种聒噪的鸟,喜欢把各种漂亮的东西藏在自己的巢穴中,常被比喻为饶舌者和小偷,也象征嫉妒、自负和赶时髦。因此,在西方文化里,喜鹊的形象常常是阴郁的,它的出现往往预示着灾祸的降临,因而被看作是一种凶鸟。

在汉文化中,鹰的形象褒贬不一,虽然有时鹰可以象征英雄,但汉语中与鹰有关的成语俗语等多带贬义,如:"鹰犬"比喻帮凶、爪牙;"鹰鼻鹞眼"形容奸诈凶狠之人的面貌;"鹰视狼步""鹰击毛挚"形容严酷、凶狠,等等,这大概与鹰的本性凶猛残暴不无关系。在西方文化里,鹰(eagle)是鸟中之王,是太阳神和天神的象征,代表权威、力量、胜利和骄傲。在基督教中,鹰还是复活的基督的象征,鹰的高飞被比作基督的升天(Christ's Ascension)。由于鹰所具有的传奇般的美德,西方国家都把它视为自己的标志:美国把秃头鹰视为国鸟,采用秃鹰作为国徽,象征力量和自由;在英国,eagle - badge 一直是英国皇家空军自豪的标志。

4.7.2 关于颜色

马克思曾说过,一般来讲色彩的感觉是美感的最普及的形式。红色在中国是喜庆的象征,结婚被称做"红喜事",客人送礼叫做"送红包",婚姻介绍人被称为"红娘";"开门红"寓意开始就取得好成绩,红色还象征革命,如"红军""红色政权""又红又专""一颗红心向着党",等等。而在英美文化中,红色的联想意义大都与暴力、流血和战争有关,如 to see red 表示"火冒三丈"或"大发脾气"。因此,英国翻译家 David Hawkes 把《红楼梦》翻译为 A Story of the Stone 以避免 red 一词在英美人头脑里产生的负面联想。汉语中的白色总会让人联想到死亡、鬼、披麻戴孝等,所以白色是种不吉利的颜色,汉语中丧事叫做"白事",没有功名的人叫"白丁""白脸"象征奸诈,还有"白色恐怖"之说。在西方,白色象征纯洁和完美,婚礼上新娘要穿白色婚纱,婚礼马车要套白马,与白色有关的词语也多带褒义,如 days with a white stone(幸福的日子)、white hat(好人)、white lie(善意的谎言)等等英国政府所在地叫做 White Hall,

美国政府所在地叫做 White House。在中国"黄色电影""黄色书刊""扫黄打非"之类的词总会让人联想到淫秽下流等,而英语中的 yellow 一词却没有这样的联想意义,与汉语中"黄"相对应的是 blue,所以"黄色电影"应译为 blue film 而非 yellow film.

4.7.3 关于语言

从语言表达的审美观方面讲,汉语向来注重语音重叠及句法结构中的重复与对仗。语音重叠称为"叠词",它使语流舒缓悠长,增强了汉语的表现力,在汉民族文化中极具审美价值。例如中国的古诗词中"寻寻觅觅,冷冷清清,凄凄惨惨戚戚""行行重行行,与君胜别离"之类的词句,给人以美妙的韵律感。而在英语中,只有极少数像 long long ago 之类的表达法用到了叠词。所以,像"绿油油""金灿灿"这一类的表达法就只能译为 green 和 golden,无法用类似的表达方式传递原文体现的美感。下面这则广告在汉语读者中会引起美妙的联想,而如果直译为英语恐怕会让英语读者感到不愉快,"十里蛙声不断,九溪曲流潺潺",这会在汉语读者的脑海中构建出一个山水田园的美好图景,而英美人看了则会觉得这样的地方太吵,青蛙不停地叫,水流声又那么大,会打扰他们的安静。所以,懂得中西审美习惯的差异在翻译中非常重要,否则会导致翻译的失败。

翻译与建筑

Chapter 5

第5章　翻译技巧

第 5 章 翻译技巧

5.1 词类转换法

5.1.1 英译汉

1. 名词的转译（Translation of Nouns）

英语名词在英语语言中所占的比例相当大。在翻译过程中，往往采用将名词转换成其他词汇的翻译技巧，以使译文符合汉语表达习惯。英语名词的转译主要有这 3 种：名词转译成动词；名词转译成形容词；名词转译成副词。

Examples：

① Insulin is used in the treatment of diabetes.

胰岛素用于治疗糖尿病。（名词转译成动词）

② This issue is of great importance.

这个问题至关重要。（名词转译成形容词）

③ I have the *honor* to introduce to you Mr. Martin, a famous artist.

我荣幸地向您介绍著名画家马丁先生。（名词转译成副词）

2. 动词的转译（Translation of Verbs）

① 英语动词转译成汉语名词。

英语中一些由名词派生或转用的动词，其概念很难用汉语来表达，翻译时可将该英语动词转译成汉语名词。

② 英语动词转译成汉语副词。英语中有些动词具有汉语副词的含义，翻译时可转译成汉语副词。

Examples：

① Television *works* in much the same way as radio.

电视机的工作原理与无线电广播几乎完全相同。（动词转译成

名词)

② Mr. Brown *succeeded* in solving the problem.

布朗先生成功地解决了这个难题。(动词转译成副词)

3. 副词的转译 (Translation of Adverbs)

英文翻译成汉语时,副词通常仍然译为副词做状语,但在特定语境中,有时需将副词转译为动词、形容词或名词,译文才通顺自然。(当英语的动词译成汉语的名词时,修饰该动词的副词往往相应地转译成形容词)。

Examples:

① As usual, she opened the window and let the fresh air *in*.

像往常一样,她打开窗户,让新鲜空气进来。(副词转译成动词)

② The English teacher's lecture impressed us *deeply*.

英语老师的讲座给我们留下了深刻印象。(副词转译成形容词)

4. 介词的转译 (Translation of Prepositions)

介词是现代英语中使用得相当多的一个词类,通常可分为静态和动态两类。静态介词一般表示时间、地点或状态等静态意义,汉译时可以用汉语介词结构处理或者省略。动态介词表示动态意义,汉译时往往要用汉语动词处理才能使译文自然流畅。

Examples:

① I'm *against* putting the meeting off.

我反对会议延期。(介词转译成动词)

② "Coming!" Away she skimmed over the lawn, *up* the path, *up* the steps, *across* the veranda, and *into* the porch.

"来了!"她蹦着跳着跑走了,越过草地,跑上小径,跨上台阶,穿过阳台,进了门廊。(介词转译成动词)

5.1.2 汉译英

① 获悉贵国遭受地震,我们极为关切。(动词转译成形容词)

We are deeply concerned at the news that your country has been struck by an earthquake.

② 蒸汽在气缸中膨胀时,部分蒸汽冷凝。

The expansion of the steam in the cylinder causes some of steam to condense. (动词转译成名词)

③ 我们不顾一切困难、挫折,坚持战斗。(动词转译成介词或短语)

We kept on fighting in spite of all difficulties and setbacks.

5.2 增益法(amplification)

5.2.1 语义因素

① We have always tried to educate our members to guard against self-complacency.

我们一直在教育我们的职员要防止自满情绪。(抽象名词后添加范畴词,使之符合汉语习惯)

② 要提倡顾全大局。

We should advocate the spirit of taking the whole situation into consideration. (添加"顾全大局"的实际所指含义)

5.2.2 语法因素

① And so we let the exciting new knowledge slip from us, a little further every day, and our confidence with it.

就这样，我们让那些振奋人心的新知识从我们身边悄悄溜走，日复一日、渐行渐远，结果我们的信心也随之而逐渐丧失。（结构增补）

② 虚心使人进步，骄傲使人落后。（增补连词）

Modesty helps one to go forward, whereas conceit makes one lag behind.

5.2.3 修辞因素

① The crowd melt away. （增添副词说明状态）

人群渐渐散开了。

② 他们早该停止争论了。（强调）

It is high time that they should stop their argument.

5.3 省略法（omission）

译文中虽无其词，但其意通过上下文体现出来了，省略法使译文简明扼要，通顺易懂，符合目的语的行文规范。因此，与翻译的忠实原则并不背道而驰。

5.3.1 英译汉中的省略法

1. 省略代词、冠词、连词、介词等

① That's the way I am, and try as I might, I haven't been able to change it.

我就是这个脾气，虽几经努力，却未能改变。

② If winter comes, can spring be far away.

冬天来了，春天还会远吗？

③ The first electronic computer was produced in our country in 1958.

1958 年我国生产了第一台电子计算机。

2. 省略动词

当 be，become，get，turn 等系动词和形容词或介词连用，动词常常可以省略不译。

① When the pressure gets low, the boiling point becomes low.

气压低，沸点就低。

② Let's make an adjustment. （make，have 等动词和具有动词含义的名词连用，可以省略不译）

我们调整一下吧。

3. 省略同义词或近义词

① Neither party shall cancel the contract without sufficient cause or reason.

4. 省略赘语

① MBA applicants who had worked at a job would receive preference over those who had not.

报考工商管理硕士的人，有工作经验的优先录取。

5.3.2 汉译英中的省略法

（1）省略意义重复或重复出现的词语。

（2）省略原文中的范畴词。

（3）具体变抽象导致的成分省略。

（4）省略多余的描述成分。

（5）汉语中的排比、对偶，翻译时常省略冗余部分。

① 他感到了一种爱国热情在胸中激荡。

He felt the patriotism rise within his heart.

② 由于她突然出言不逊，我感到透不过气来。

Her unexpected rudeness made me gasp for breath.

5.4　重复法

使语义清晰、连贯或为进一步加强语气，达到特定的修辞效果。汉语中的重复现象比英语多。

5.4.1　英译汉中的重复法

（1）重复英语中省略的成分（如名词、动词等）。

（2）重复英语中使用替代词表示的部分（如 nor，so，do，those，that 等）。

（3）重复同/近义词汇。

（4）重复关系代词或关系副词。

（5）重复叠字。

① Wood cannot conduct electricity, nor can glass.

木头不导电，玻璃也不导电。

② You will always find his tardiness and carelessness in everything he does.

你会发现他做任何事情都是磨磨蹭蹭，马马虎虎的。

5.4.2　汉译英中重复结构的处理

（1）省略重复部分。

（2）替代重复部分。

（3）合并重复部分。

(4) 保留重复部分。

① 一定的文化,是一定社会政治和经济的反映,同时又对一定社会的政治和经济产生巨大的影响。

Any given culture is a reflection of the politics and economics of a given society, and the former in return has a tremendous influence and effect upon the latter.

② 在今后的五年内要实现经济状况的根本好转,实现社会风气的根本好转,实现党风的根本好转。

In the coming five years a fundamental turn for the better should be made in economic situations, in standards of social conduct and in Party style.

5.5 正译或反译（positive or negative translation）

在叙述同一件事情或者表达同一种思想时,英汉两种语言在表达习惯上有一定的差异。在英译汉时,英语里有些从正面表达的词或句子,译文中可从反面来表达。有些英语里从反面表达的词或句子,译成汉语时,需按汉语的表达习惯从正面来表达。总之,翻译时,我们应尽可能依照不同语言的习惯。

Example：

① Yet he was far from ready.

然而他远没准备好。（原文从正面表达,译文从反面表达。）

② Don't lose time in posting this letter.

赶快把这封信寄出去。（原文从反面表达,译文从正面表达。）

5.6 名词从句的译法

英语名词从句包括主语从句、宾语从句、表语从句和同位语从句等。翻译这类从句时，大多数可按原文的句序译成对应的汉语，但也还有一些其他处理方法。现分述如下。

5.6.1 主语从句

1. 以 what，whatever，whoever 等代词引导的主语从句翻译时一般可按原文顺序翻译

① *What he told me* was only half – truth.

他告诉我的只是些半真半假的东西而已。

② *Whatever he saw and heard on his trip* gave him a very deep impression.

他此行所见所闻都给他留下了深刻的印象。

2. 以 it 作假主语所引出的真主语从句，翻译时视情况可以提前，也可以不提前

（1）真主语从句提前译，为了强调起见，it 一般可以译出来，如果不需要强调，it 也可以不译出来。

① It doesn't make much difference *whether he attends the meeting or not*.

他参加不参加会议没有多大关系。

② It is a fact *that the U. S. S. R. has sent its fleet to all parts of the world*.

苏联已把它的舰队派往世界各地，这是事实。

（2）真主语从句不提前，it 一般不需要译出来。

① It is strange *that she should have failed to see her own shortcomings*.

真奇怪，她竟然没有看出自己的缺点。

② It was obvious *that I had become the pawn in some sort of toplevel power play*.

很清楚，某些高级人物在玩弄权术，而我却成了他们的工具。

5.6.2 宾语从句

用 that，what，how 等引起的宾语从句汉译时一般不需要改变它在原句中的顺序。有时可加"说"字，再接下去译原文宾语从句的内容。

① I told him *that because of the last condition*, *I'd have to turn it down.*

我告诉他，由于那最后一个条件，我只得谢绝。

② He would remind people again *that it was decided not only by himself but by lots of others.*

他再三提醒大家说，决定这件事的不只是他一个人，还有其他许多人。

5.6.3 表语从句

英语表语从句跟宾语从句一样，一般可按原文顺序翻译。

① His view of the press was *that the reporters were either for him or against him.*

他对新闻界的看法是，记者们不是支持他，就是反对他。

② This is *what he is eager to do.*

这就是他所渴望做的。

5.6.4 同位语从句

同位语是用来对名词（或代词）作进一步的解释。同位语可以是单词，短语或从句，这里先介绍英语同位语从句的译法。

1. 同位语从句汉译时不提前

① He expressed the hope *that he would come over to visit China again.*

他表示希望再到中国来访问。

② There were also indications *that intelligence, not politics was Helms' primary concern.*

而且也有种种迹象表时，赫尔姆斯主要关心的是情报，而不是政治。

2. 同位语从句提前

① Yet, from the beginning, the fact *that I was alive was ignored.*

然而，从一开始，我仍然活着这个事实却偏偏被忽视了。

② But I knew I couldn't trust him. There was always the possibility *that he was a political swindler.*

但我知道不能轻信他。他是政治骗子这种可能性总是存在的。

3. 增加"即"（或"以为"）或用冒号，破折号分开

① "Influenced by these ethics, Powers lived under the delusion *that money does not stink…*"

"受了这种道德观念的熏陶，鲍尔斯生活在一种错觉中，以为金钱总是香喷喷的……"

② But considered realistically, we had to face the fact *that our prospects were less than good.*

但是现实地考虑一下，我们不得不正视这样的事实：我们的前景并不妙。

5.7 定语从句的译法

英语定语从句的译法主要涉及限制性定语从句的译法和非限制性定语从句的译法。此外，有些英语定语从句和主句之间还存在着状语关系，对这种定语从句的译法亦值得探讨。

5.7.1 限制性定语从句

限制性定语从句对所修饰的先行词起限制作用，与先行词关系密切，不用逗号分开。翻译这类句子时往往可以用。

1. 前置法

把英语限制性定语从句译成带"的"的定语词组，放在被修饰词之前，从而将复合句译成汉语单句。

① I was, to borrow from John Le Carre, the spy *who was to stay out in the cold.*

借用约翰·勒卡雷的话来说，我成了一个被打入冷宫的间谍了。

② It is a consolation to know that they will surely carry on the cause *for which Edgar Snow strove so faithfully all his life.*

了解到他们一定会把斯诺终身为之奋斗不渝的事业继承下来，这是一件令人快慰的事情。

2. 后置法

上述译成前置定语的方法大都适用于限制性定语从句，但一般用于译比较简单的英语定语从句，如果从句结构复杂，译成汉语前置定语显得太长而不符合汉语表达习惯时，往往可以译成后置的并列分句。

（1）译成并列分句，重复英语先行词。

① He unselfishly contributed his uncommon talents and indefatigable spirit to the struggle which *today brings them (those aims) within the reach of a majority of the human race.*

他把自己非凡的才智和不倦的精力无私地献给了这种斗争，这种斗争今天已使人类中大多数人要以达到这些目标。

② They are striving for the ideal *which is close to the heart of every Chinese and for which, in the past, many Chinese have laid down their lives.*

他们正在为实现一个理想而努力,这个理想是每个中国人所珍爱的,在过去,许多中国人曾为了这个理想而牺牲了自己的生命。

(2) 译成并列分句,省略英语先行词。

① A good deal went on in the steppe *which he—her father—did not know.*

草原上发生了许多事情,他——她的父亲——并不知道。

② He managed to raise a crop of 200 miracle tomatoes *that weighed up to two pounds each.*

他居然种出了二百个奇迹般的西红柿,每个重达两磅。

3. 溶合法

(1) 溶合法是指把原句中的主语和定语从句溶合在一起译成一个独立句子的一种翻译方法。由于限制性定语从句与主句关系紧密,所以溶合法比较适用于翻译限制性定语从句。英语中的 There be ……结构汉译时往往就是这样处理的。

① There are *many people who want to see the film.*

许多人要看这部电影。

② There was *another man who seemed to have answers, and that was Robert McNamara.*

另外一个人似乎胸有成竹,那就是麦克纳马拉。

(2) 此外,还有些带定语从句的英语复合句,译成汉语时可将英语主句压缩成汉语词组做主语,而把定语从句译成谓语,溶合成一个句子。

① "We are a nation *that must beg to stay alive,*" said a foreign economist.

一位外国经济学家说道,"我们这个国家不讨饭就活不下去"。

② We used a plane *of which almost every part carried some indication of national identity.*

我们驾驶的飞机几乎每一个部件都有国籍的某些标志。

5.7.2 非限制性定语从句

英语非限制性定语从句对先行词不起限制作用,只对它加以描写,叙述或解释。翻译这类从句时可以运用。

1. 前置法

一些较短而具有描写性的英语非限制性的定语从句,也可译成带"的"的前置定语,放在被修饰词前面,但这种处理方法不如用在英语限制性定语从句那样普遍。

① The sun, *which had hidden all day*, now came out in all its splendor.

那个整天躲在云层里的太阳,现在又光芒四射地露面了。

② The emphasis was helped by the speaker's mouth, *which was wide*, thin and hard set.

讲话人那又阔又薄又紧绷绷的嘴巴,帮助他加强了语气。

2. 后置法

(1) 译成并列分句。

在译文中把原文从句后置,重复英语关系词所代表的含义。在译文中从句后置,省略英语关系词所代表的含义。

① I told the story to John, who (=and he) told it to his brother.

他把这件事告诉了约翰,约翰又告诉了他的弟弟。

② He saw in front that haggard white – haired old man, *whose eyes flashed red with fury.*

他看见前面那个憔悴的白发老人,眼睛里愤怒地闪着红光。

(2) 译成独立句。

① He had talked to Vice – President Nixon, *who assured him that everything that could be done would be done.*

他和副总统尼克松谈过话。副总统向他担保,凡是能够做到的都将竭尽全力去做。

② One was a violent thunderstorm, the worst I had ever seen, *which obscured my objective.*

有一次是暴风骤雨,猛烈的程度实为我生平所仅见。这阵暴风雨遮住了我的目标。

5.7.3 兼有状语职能的定语从句

英语中有些定语从句,兼有状语从句的职能,在意义上与主句有状语关系,说明原因、结果、目的、让步、假设等关系。翻译时应善于从原文的字里行间发现这些逻辑上的关系,然后译成汉语各种相应的偏正复句。

① The ambassador was giving a dinner for a few people *whom he wished especially to talk to or to hear from.*

大使只宴请了几个人,因为他特地想和这些人谈谈,听听他们的意见。

② There was something original, independent, and heroic about the plan *that pleased all of them.*

这个方案富于创造性,独出心裁,很有魄力,所以使他们都很喜欢。

③ Men become desperate for work, any work, *which will help them to keep alive their families.*

人们极其迫切地要求工作，不管什么工作，只要它能维持一家人的生活就行。

5.8　状语从句的译法

英语状语从句包括表示时间、原因、条件、让步、目的等等各种从句。现在就一些比较常见的处理方法再进下说明如下：

5.8.1　表时间的状语从句

1. 译成相应的表示时间的状语

① *While she spoke*, the tears were running down.
她说话时，泪水直流。
② Please turn off the light *when you leave the room*.
离屋时请关电灯。
上句原文中表示时间的从句后置，译文中前置。

2. 译成"刚（一）……就……"的句式

① He had *hardly* rushed into the room *when* he shouted, "Fire! Fire!"
他刚跑进屋里就大声喊着："着火了！着火了！"
② *Hardly* had we arrived *when* it began to rain.
我们一到就下雨了。

3. 译成并列的分句

① He shouted *as he ran.*

他一边跑，一边喊。

② They set him free *when his ransom had not yet been paid.*

他还没有交赎金，他们就把他释放了。

在上面两例的原文里，表时间的从句后置，在译文中提前。

5.8.2 表示原因的状语从句

1. 译成表"因"的分句

① The crops failed *because the season was dry.*

因为气候干旱，作物歉收。

② *Because we are both prepared to proceed on the basis of equality and mutual respect,* we meet at a moment when we can make peaceful cooperation a reality.

由于我们双方都准备在平等互尊的基础上行事，我们在这个时刻会晤就能够使和平合和成为现实。

"由于""因为"是汉语中常常用来表"因"的关联词，一般说来，汉语表"因"分句在表"果"分句之前，英语则比较灵活，但在现代汉语中，受西方语言的影响，也有放在后面的，如：

She could get away with anything, *because she looked such a baby.*

她能度过任何风险，因为她看上去简直还像是个娃娃模样。

2. 译成因果偏正复句中的主句

① *Because he was convinced of the accuracy of this fact,* he stuck to his opinion.

他深信这件事正确可靠，因此坚持己见。

② Pure iron is not used in industry *because it is too soft.*

纯铁太软，所以不用在工业上。

3. 译成不用关联词而因果关系内含的并列分句

① "You took me *because I was useful.* There is no question of gratitude between us," Said Rebecca.

"我有用,你才收留我。咱们之间谈不到感恩不感恩,"丽贝卡说。

② After all, it did not matter much, *because in 24 hours, they were going to be free.*

反正关系不大,二十四小时以后他们就要自由了。

5.8.3 表示条件状语从句

1. 译成表"条件"的分句

① "Sure, there's jobs. There is even Egbert's job *if you want it.*"
当然,工作是有的。只要你肯干,甚至就可以顶埃格伯特的空缺。

② It was better *in case they were captured.*
要是把他们捉到了,那就更好了。

"只要""要是""如果""一旦"等等都是汉语表示"条件"的常用关联词,在语气上,"只要"("只有")最强,"如果"最弱,"如果"也用来表示假设。英语中表示"条件"的从句前置后置比较灵活,汉语中表示"条件"的分句一般前置。

2. 译成表示"假设"的分句

① *If one of them collapsed*, as they often did, the guide used to carry him over the mountains.

如果其中一个人垮了,这种事时常在他们中间发生,向导就要背着他过山。

② *If the government survives the confidence vote*, its next crucial test will come in a direct Bundestag vote on the treaties May 4.

假使政府经过信任投票而保全下来的话，它的下一个决定性的考验将是在五月四日在联邦议院就条约举行的直接投票。

"如果""要是""假如"等都是汉语中用来表示"假设"的常用关联词，汉语中表示"假设"的分句一般前置，但作为补充说明情况的分句则往往后置。

3. 译成补充说明情况的分句

① "He's dead on the job, Jess。 Last night *if you want to know*."

"他是在干活时死的，杰西。就是昨晚的事，如果你想知道的话。"

② "You'll have some money by then，——that is, *if you last the week out*, you fool."

"到那时你该有点钱了——就是说，如果你能度过这星期的话，你这傻瓜。"

5.8.4　表示让步的状语从句

1. 译成表示"让步"的分句

① *Although he seems hearty and outgoing in public*, Mr. Cooks is a withdrawn introverted man.

虽然库克斯先生在公共场合中是热情而开朗的，但他却是一个孤僻的，性格内向的人。

在上例中，两个分句的主语易位。

② *While I grant his honesty*. I suspect his memory.

虽然我对他的诚实没有异议，但我对他的记忆力却感到怀疑。

"虽然""尽管""即使""就算"等等是汉语中表示"让步"的

常用关联词。汉语中表示"让步"的分句一般前置（但现在也逐渐出现后置现象），英语中则比较灵活。

2. 译成表"无条件"的条件分句

① *Whatever combination of military and diplomatic action is taken*, it is evident that he is having to tread an extremely delicate tight-rope.

不管他怎样同时采取军事和外交行动，他走的显然将不得不是一条极其脆弱的钢丝。

② *No matter what misfortune befell him*, he always squared his shoulders and said: "Never mind, I'll work harder."

不管他遭受什么不幸事儿，他总是把胸一挺，说："没关系，我再加把劲儿。"

汉语里有一种复句，前一分句排除某一方面的一切条件，后一分句说出在任何条件下都会产生同样的结果，也就是说结果的产生没有什么条件限制。这样的复句里的前一分句，称之为"无条件"的条件分句。通常以"不论""不管""无论""管""随"等作为关联词。

5.8.5 表示目的的状语从句

1. 译成表示"目的"的前置分句

① They stepped into a helicopter and flew high in the sky *in order that they might have a bird's-eye view of the city.*

为了对这个城市作一鸟瞰，他们跨进直升飞机，凌空飞行。

② He pushed the door open gently and stole out of the room *for fear that he should awake her.*

为了不惊醒她，他轻轻推开房门，悄悄地溜了出去。

汉语里表"目的"的分句所常用的关联词有"为了""省（免）得""以免""以便""生怕"等等，"为了"往往用于前置分句，"省

(免)得""以免""以便""使得""生怕"等一般用于后置分句。

2. 译成表示"目的"的后置分句

① The murderer ran away as fast as he could, *so that he might not be caught red – handed.*

凶手尽快地跑开,以免被人当场抓住。

② Brackett groaned aloud, "You came from Kansas City in two weeks so *that I could give you a job?*

布雷克特唉声叹气地说:"你从堪萨斯城走了两个星期到这里,就是要我给你个工作吗?"

5.9　句子结构的转译

1. 分译法

主语分译。带有逻辑主语的名词词组作主语时,常常可以分译成一个分句。

例子:

Being neglected by the host added to his uneasiness.

由于受到主人的冷遇,他更加不舒服起来。

英语中的定语(这里不含定语从句)在译成汉语时一般都放在被修饰词的前面,但当多个单词或短语在被修饰词的前面或后面同时修饰一个对象且在汉译时都放在被修饰词的前面既不好组织又不符合汉语表达习惯时,可以将其中部分定语移到后面成为独立的短语或(分)句子,特别是在口语里。

例子:

① Jessica? Oh, she is a ... *peaceful, hardworking, helpful and pretty* lady.

杰茜卡？噢，她是个很文静的姑娘，学习刻苦，乐于助人，人也长得漂亮。

② Mianyang is a middle-sized city in western China *with* quick-developing economy, advanced science and technology, convenient communication and transportation, beautiful environment, good social order, colorful cultural life, excellent and rich working force.

绵阳是中国西部的一个中等城市。绵阳经济发展快、科技先进、通信发达、交通便捷、环境优美、社会秩序良好、文化生活丰富多彩、劳动力富足且素质高。

2. 合译法

把原文中两个或两个以上的简单句译成一个汉语单句。在英译汉过程中，有时不能逐句按原有顺序对译，需要把原文中的主从复合句合译为一个单句来表达，才能使译文符合汉语的行文特点。

例子：
① He was very clean. His mind was open.
他为人单纯而坦率。

例子：
② When we praise the Chinese leadership and the people, we are not merely being polite.
我们对中国领导人和中国人民的赞扬不仅仅是出于礼貌。

③ I'm blest if I know.
我一点儿也不知道。

5.10 长句的译法

翻译长句时，首先要弄清楚原文的句法结构，找出整个句子的中心内容及其各层意思，然后分析几层意思之间的相互逻辑关系（因果、时间顺序等），再按照汉语特点和表达方式，正确地译出原文的意思，不拘泥于原文的形式。

长句的译法主要有下列几种：（1）顺序法；（2）逆序法；（3）分译法；（4）综合法。

（1）顺序法。

有些英语长句所叙述的一连串动作基本上是按动作发生的时间先后安排，也有些英语长句的内容是按逻辑关系安排，这与汉语表达方法比较一致，因此翻译时一般可按照原文顺序译出。

① If she had long lost the blue – eyed, flower – like charm, the cool
　　　　　　　　　　　　　　　　1
slim purity of face and form, the apple – blossom colouring which had so
swiftly and oddly affected Ashurst twenty – six years ago, she was still at
　　　　　　　　　　2
forty – three a comely and faithful companion, whose cheeks were faintly
　　　　　　　　　　　　3
mottled, and whose grey – blue eyes had acquired a certain fullness.
　4　　　　　　　　　　5

分析：这个句子是由一个主句，一个状语从句和三个定语从句组成的。"她依旧是个好看而忠实的伴侣"是主句，也是全句的中心内容。主句前面是一个假设状语从句，其中又包含一个定语从句，这个定语从句较长，所以，在译文中加破折号放在被修饰语之后。全句共有五层意思：①她早已失掉了那蔚蓝色眼睛的、花儿般的魅力，也失掉了她脸儿和身段的那种玉洁冰清，苗条多姿的气质和那苹果花似的颜色；②二十六年前这些东西曾迅速而奇妙地影响过艾舍斯特；③在四十三岁的今天，她依旧是个好看而忠实的伴侣；④不过两颊淡淡地有点儿斑驳；⑤灰蓝的眼睛也已经有点儿饱满了。原文各句的逻辑关系、表达顺序与汉语完全一致，因此可按原句顺序译出。

译文：如果说她早已失掉了那蔚蓝色眼睛的、花儿般的魅力，也失掉了她脸儿和身段的那种玉洁冰清、苗条多姿的气质和那苹果花似的颜色——二十六年前这种花容月貌曾那样迅速而奇妙地影响过艾舍斯特——那么在四十三岁的今天，她依旧是个好看而忠实的伴侣，不过两颊淡淡地有点儿斑驳，而灰蓝的眼睛也已经有点儿饱满了。

② On August 1, the gunboat began her mission, which was, in the
             1
eyes of the defenders, a provocative act and seemed to be part of the overall
       2
assault which had begun on July 31.
      3

分析：这个句子由一个主句和两个定语从句组成。"炮舰八月一日开始执行任务"是主句，也是全句的中心内容。主句后面紧跟着的从句是一个说明这个任务性质的从句。这个从句中又有一个限制性定语从句"七月三十一日已开始的（全面攻击）"，它比较简短，译时可移到被修饰语之前。全句共有三层意思：①八月一日炮舰开始执行任务；②在防御者看来这是一次挑衅性行动；③而且似乎是七月三十一日开始的全面攻击的一个组成部分。原文各句的逻辑关系、表达顺序与汉语完全一致，因此可按原句顺序译出。

译文：八月一日炮舰开始执行任务。在防御者看来，这是一次挑衅行动，而且似乎是七月三十一日开始的全面攻击的一个组成部分。

（2）逆序法。

有些英语长句的表达次序与汉语表达习惯不同，甚至完全相反，这时就必须从原文后面译起，逆着原文的顺序翻译。

① Time goes fast for one who has a sense of beauty, when there are
                        1   2
pretty children in a pool and a young Diana on the edge, to receive with
                                                           3
wonder anything you can catch!

分析：这个句子是由一个主句，两个定语从句和一个状语从句组成。"时间是过得很快的"是主句，也是全句的中心内容。全句共有四层意思。①时间是过得很快的；②如果你懂得什么是美的话；③当你跟可爱的孩子们站在池子里，又有个年轻的狄安娜在池边好奇地接受东西；④你所捉上来的东西。按照汉语先发生的事先叙述以及条件在先结果在后的习惯，这句句子可以逆着原文顺序译出。

译文：当你跟可爱的孩子们站在池子里，又有个年轻的狄安娜在池边好奇地接受你捉上来的任何东西的时候，如果你懂得什么叫美的话，时间是过得很快的！

② And I take heart from the fact that the enemy, which boasts that it
                                    1
can occupy the strategic point in a couple of hours, has not yet been able
        2
to take even the outlying regions, because of the stiff resistance that gets in
        3   4
the way.

分析：这个句子是由一个主句、一个同位语从句、一个定语从句和一个原因状语从句组成。"事实使我增添了信心"是主句。也是全句中心内容。全句共有四层意思：①下面事实使我增添了信心；②敌人吹嘘几个小时后就能占领战略要地；③敌人甚至没有能占领外围地带；④其原因是由于受到顽强抵抗。按照汉语表达习惯，通常因在前，果在后，同位语从句内各层意思可由后往前译，同位语从句本身很长可译成主句里主语的外同位。这样，这句句子可以逆着原文的顺序译出。

译文：由于受到顽强抵抗，吹嘘能在几个小时内就占领战略要地的敌人甚至还没有能占领外围地带，这一事实使我增强了信心。

（3）分译法。

有时英语长句中主句与从句或主句与修饰语间的关系并不十分密切，翻译时可按汉语多用短句的习惯，把长句中的从或短语化为句子，分开来叙述；为使语意连贯，有时还可适当增加词语。

① While the present century was in its teens, and on one sunshiny morning in June, there droveup to the great iron gate of Miss Pinkerton's academy for young ladies, on Chiswick Mall, a large family coach, with two fat horses in blazing barness, driven by a fat coachman in a three-cornered hat and wig, at the rate of four miles an hour.

分析：这个句子是由一个主句、一个状语从句（以及和这从句相平行的 on one ...的前置词短语）组成，但主句较长，包含了用逗号分开的两个前置词短语和一个分词短语。状语从句所指的大时间是整个故事发生的背景，它与主句所叙述的一件具体事情有关系，但并不密切，故可单独分译成一句。主句内的前置词短语（with...）和分词短语（driven by...）都是描述"马车"；另一个前置词短语（at...）又是这分词短语的修饰语。这三个短语都具有相对独立的意义，因而可从主句里分离开来译成独立的句子。整句可根据内容分三层相对独立的意思进行翻译。

译文：（当时）这个世纪刚过了十几年。在六月的一天早上，天气晴朗，契息克林荫道上平克顿女子学校的大铁门前面来了辆宽敞的私人马车。拉车的两匹肥马套着雪亮的马具，一个肥胖的车夫戴了假头发和三角帽子，赶车子的速度是一小时四英里。

② The president said at a press conference dominated by questions on yesterday's election results that he could not explain why the Republicans had suffered such a widespread defeat, which in the end would deprive the Republican Party of long-held superiority in the House.

(*News from Foreign Agencies and Press*)

分析:这个句子是由一个带有分词短语的主句、两个宾语从句和一个非限制性定语从句组成。全句共有三层意思:①在一次关于选举结果的记者招待会上,总统发了言;②他说他不能够解释为什么共和党遭到了这样大的失败;③这种情况最终会使共和党失去在众院中长期享有的优势。这三层意思都具有相对的独立性,因此在译文中可拆开来分别叙述,成为三个单句。

译文:在一次记者招待会上,问题集中于昨天的选举结果,总统就此发了言。他说他不能够解释为什么共和党遭到了这样大的失败。这种情况最终会使共和党失去在众院中长期享有的优势。

(4)综合法。

有些英语长句顺译或逆译都感不便,分译也有困难,这时就应仔细推敲,或按时间先后,或按逻辑顺序,有顺有逆、有主有次地对全句进行综合处理。

① But without Adolf Hitler, who was possessed of a demoniac personality, a granite will, uncanny instincts, a cold ruthlessness, a remarkable intellect, a soaring imagination and—until toward the end, when drunk with power and success, he overreached himself—an amazing capacity to size up people and situations, there almost certainly would never have been a Third Reich.

分析:这个句子由一个主句、一个非限制性定语从句和一个状语从句组成。插入主句中间的是一个由 who 引起的非限制性定语从句,这个从句较长,中间又插入了一个用破折号分开的,由 until 引起的时间状语从句。这个状语从句对非限制性定语从句的后间部分作了些补充说明,因而虽然具有相对的独立意义,仍可根据逻辑关系将该句译文置于句尾。全句有两层主要意思:①如果没有希特勒,那就几乎可以肯定不会有第三帝国；②希特勒在性格、智力、能力等等方面具有某些特点。原文各句的逻辑关系和表达顺序与汉语大致一致，但因从句是插入成分，和汉语表达习惯不同，所以翻译时顺中有逆，可以综合处理。

译文：然而，如果没有阿道夫·希特勒，那就几乎可以肯定不会有第三帝国。因为阿道夫·希特勒有着恶魔般的性格、花岗石般的意志、不可思议的本能、无情的冷酷、杰出的智力、深远的想象力以及对人和局势惊人的判断力。这种判断力最后由于权力和胜利冲昏了头脑而不自量力，终于弄巧成拙。

英语句子之所以成为长句，往往是由于修饰成分多，特别是从句和短语多的缘故。因此在翻译英语长句时，常常需要考虑运用各种从句和短语的翻译方法。

翻译与建筑

Chapter 6

第6章 翻译实训汉译英
——中国建筑

第6章 翻译实训汉译英——中国建筑

建筑文本自身既有建筑历史及文化的内容，又有建筑结构的介绍，因此其翻译应融合文学翻译的特点及科技英语翻译的特点。文学是语言的艺术，既为艺术，则文学和其他各种形式的艺术一样，当自有其欣赏价值或者说审美价值寓于其中。而科技英语中有大量的专业词汇、结构复杂严谨的句式，较多的使用被动语态，要求翻译准确、明晰。因此，建筑文本翻译要求既要译出文学艺术性，又要保证建筑专业的精准、规范。

6.1 中国传统建筑的特点

Architecture mirrors the material and esthetic standards of society. Classical Chinese architecture is no exception.

The basic feature of Chinese architecture is rectangular – shaped units joined together into a whole. Temples in ancient Greece also employed rectangular spaces, but the overall effect tended to austerity. The Chinese style, by contrast, combines rectangular shapes varying in size and position according to importance into an organic whole, with each level and component clearly distinguished. As a result, traditional Chinese style buildings have an imposing yet dynamic and intriguing exterior. The combination of units of space in traditional Chinese architecture abides by the principles of balance and symmetry, the main structure is the axis, and the secondary structure are positioned as two wings on either side to form the main rooms and yard. China's architecture pays attention to the beauty of group combination. It shows the pursuit of neutral, easy, reserved and deep esthetic characters, giving expressions to the esthetic habits of the Chinese nation.

Another characteristic of Chinese ancient architecture is its use of a wooden structural frame with pillars and beams, and earthen walls surrounding the building on three sides. The main door and windows are in front. Chinese architecture constitutes the only system based mainly on wooden structures of unique charming appearance. This differs from all other architectural systems in the world which are based mainly on bricks and stone structures. A structure not only has its engineering and technical significance, but the structural decorative beauty manifested in its resourceful and ingenious combination are themselves part of the architectural beauty. In the case of a wooden structural system, in particular, its complexity and delicacy are unmatched by brick and stone structures and therefore demonstrate the wisdom of the Chinese. The Chinese have used wood as a main construction material for thousands of years; wood to the Chinese represents life, and "life" is the main thing Chinese culture in its various forms endeavors to communicate, this feature has been preserved up to the present. Some special architectural features resulted from the use of wood. One is that the depth and breadth of interior space is determined by the wooden structural frame. The other is the technique of building a structure on a platform, to prevent damage from moisture. The height of the platform corresponds to the importance of the building. A high platform adds strength, sophistication, and stateliness to large buildings.

The highly varied color murals found on a traditional Chinese building have both symbolic and aesthetic significance and may range from outline of dragons and phoenixes and depictions of myths to paintings landscapes, flowers, and birds. This notable architectural development gives the structure an elegant and pleasing ornamental effect. The second is the development of technique of applying color lacquers to the structure to preserve the wood. These lacquers were made in brilliant, bold colors, and became one of the key identifying features of traditional Chinese architecture. Further processing of the frame members of organic structures and other affiliated frame units forms unique Chinese constructional decoration, including interior and exterior decoration, color painting wooden, brick, and stone sculptures and color glaze, all of which contain very rich techniques and a vivid development process.

6.2 翻译技巧综合运用

例句——汉译英

① 国家体育场工程为特级体育建筑,主体结构设计使用年限100年,耐火等级为一级,抗震等级为八级,地下工程防水等级1级。

The main body of the National Stadium has a design life of 100 years. Its fire resistance capability is first – rate, and it can withstand an eight – magnitude earthquake. The water – resistance capability of its underground project is also first – rate. (汉语动词转译为英语名词、汉语长句分译成英语两个句子)

② 国家游泳中心赛后将成为北京最大的水上乐园,所以设计者针对各个年龄层次的人,探寻水可以提供的各种娱乐方式,开发出水的各种不同的用途,他们将这种设计理念称作"水立方"。

The National Swimming Center will be the largest water park in Beijing after the race, so the designer seeks the various forms of entertainment that water can provide for people of all ages and develop various uses of the water, which they call the "Water Cube". (汉语短句转译为英语的定语从句)

③ 故宫总体分为南部的前朝和北部的后寝两部分。

The Palace Museum is divided into two parts: the southern part for an emperor and officials' working and the northern part for his family activities.（意译：具体增益法译出"前朝"和"后寝"的意思）

④ 墙里的北面部分是象征着上天的半圆环，南部是象征着大地的方形广场。北部高于南部，这种设计显示天在上，地在下，反映了中国古代人民"天圆地方"的思想。

The northern part within the wall is semicircular symbolizing the heavens and the southern part is square symbolizing the earth. The northern part is higher than the southern part. This design shows that the heaven is high and the earth is low and reflects an ancient Chinese thought of "The heaven is round and the earth is square". （直译："天圆地方"直接按意思译成 The heaven is round and the earth is square）

⑤ 从东门进入，经风门厅、过厅到达中央大厅。中央大厅占地3600平方米，护墙和地面用彩色大理石铺砌。

Entering through the East Gate, and passing through two halls, one will reach the Central Hall, covering an area of 3600sqm, The Central Hall has a colorful marble floor and walls. （溶合法：增加逻辑主语、改变了原文的句式结构）

6.3　国家体育场——鸟巢

国家体育场——鸟巢

国家体育场位于北京奥林匹克公园中心区南部，为2008年第29届奥林匹克运动会的主体育场。工程总占地面积21公顷，建筑面积258000平方米。场内观众坐席约为91000个，其中临时坐席约11000个。奥运会、残奥会开闭幕式、田径比赛及足球比赛决赛在这里举行。奥运会后这里将成为文化体育、健身购物、餐饮娱乐、旅游展览等综合性的大型场所，并成为具有地标性的体育建筑和奥运遗产。

国家体育场工程为特级体育建筑，主体结构设计使用年限100

年，耐火等级为1级，抗震等级为8级，地下工程防水等级1级。工程主体建筑呈空间马鞍椭圆形，南北长333米，东西宽294米，高69米。主体钢结构形成整体的巨型空间马鞍形钢桁架编织式"鸟巢"结构，钢结构总用钢量为4.2万吨。混凝土看台分为上、中、下三层，看台混凝土结构为地下1层，地上7层的钢筋混凝土框架——剪力墙结构体系。钢结构与混凝土看台上部完全分开，互不相连，形式上呈相互围合，基础则坐在一个相连的基础底板上。国家体育场屋顶钢结构上覆盖了双层膜结构，即固定于钢结构上弦之间的透明的上层ETFE膜和固定于钢结构下弦之下及内环侧壁的半透明的下层PTFE声学吊顶。

国家体育场工程作为国家标志性建筑，2008年奥运会主体育场，其结构特点十分显著，结构复杂。

设计理念

设计综述

国家体育场坐落于奥林匹克公园建筑群的中央位置，地势略微隆起。它如同巨大的容器。高低起伏的波动的基座缓和了容器的体量，而且给了它戏剧化的弧形外观。体育场的外观就是纯粹的结构，立面与结构是统一的。各个结构元素之间相互支撑，汇聚成网格状——就如同一个由树枝编织成的鸟巢。在满足奥运会体育场所有的功能和技术要求的同时，设计上并没有被那些类似的过于强调建筑技术化的大跨度结构和数码屏幕所主宰。体育场的空间效果新颖前卫，但又简洁古朴，从而为2008年奥运会创造了史无前例的地标性建筑。

基座

基座与体育场的几何体合二为一，如同树根与树。行人走在平缓的格网状石板步道上，步道延续了体育场的结构肌理。步道之间的空间为体育场来宾提供了服务设施：下沉的花园，石材铺装的广场，竹林、矿质般的山地景观，以及通向基座内部的开口。从城市的地面上缓缓隆起，几乎在不易察觉中形成了体育场的基座。体育场的入口处地面略微升高,因此,可以浏览到整个奥林匹克公园建筑群的全景。

屋顶

体育场的外观就是纯粹的结构,立面与结构是统一的。各个结构元素之间相互支撑,汇聚成网格状,就像编织一样,将建筑物的立面,楼梯,碗状看台和屋顶融合为一个整体。如同鸟会在它们树枝编织的鸟巢间加一些软充填物,为了使屋顶防水,体育场结构间的空隙将被透光的膜填充。所有的设施——餐厅,客房,商店和卫生间都是独自控制的单元,所以建筑外立面的整体封闭是非常不必要的。这使体育场有自然通风,是体育场环保设计的最重要的一个方面。

碗状看台

体育场被设计成为巨大的人群的容器,无论远眺还是近观,都给人留下与众不同的、不可磨灭的印象。体育场内部,这种均匀的碗状结构形体将能调动观众的兴奋情绪,有可能使运动员超水平发挥。创造连贯一致的外表,座位的干扰被控制到最小,声学吊顶将结构遮掩使得观众和场地上的活动成为注意焦点。在此,人群形成了建筑。

Located at the southern part of the Olympic Park in Beijing, the National Stadium is the main stadium of the 29th Olympic Games in 2008. Occupying an area of 21 hectares, it has a floor space of 258000 square meters. Its seating capacity amounts to 91000, including 11000 temporary seats.

The venue will host the opening and closing ceremonies of the Beijing Olympic Games and Paralympic Games, the track and field competitions, and the football finals. After the Olympics, the stadium will become a large – scale sports and entertainment facility for the residents of Beijing — an architectural landmark and Olympic legacy.

The main body of the National Stadium has a design life of 100 years. Its fire resistance capability is first – rate, and it can withstand an eight –

magnitude earthquake. The water-resistance capability of its underground project is also first-rate.

The main body of the National Stadium is a colossal saddle-shaped elliptic steel structure, weighing 42000 tons. It is 333 meters long from north to south, 294 meters wide from east to west, and 69 meters tall. The main body's elements support each other and converge into a grid formation, just like a bird's nest with interlocking branches and twigs. Being a seven-story shear wall system, the stadium's stand has a concrete framework. The upper part of the stand and the stadium's steel structure are separated from each other, but both are based on a joint footing. The roof of the National Stadium is covered by a double-layer membrane structure, with a transparent ETFE membrane fixed on the upper part of the roofing structure and a translucent PTFE membrane fixed on its lower part. A PTFE acoustic ceiling is attached to the side walls of the inner ring.

The National Stadium is a complex structure, posing great difficulties for its designers and constructors.

DESIGN CONCEPT

Architectural Summary

National Stadium is located on a gentle rise in the centre of the Olympic complex. An undulating composition of high and low elevations moderates the bulk of the vessel and gives it a dramatic sweeping form. The stadium's appearance is pure structure. Facade and structure are identical. The structural elements mutually support each other and converge into a grid-like formation—almost like a bird's nest with its interwoven twigs. The design meets all the functional and technical requirements of an Olympic Stadium, but without communicating the insistent sameness of technocratic architecture dominated by large spans and digital screens. The spatial effect of the stadium is novel and radical and yet simple and of an almost archaic immediacy, thus creating a unique historical landmark for the Olympics 2008.

The plinth

The geometries of the plinth and stadium merge into one element, like a tree and its roots. Pedestrians flow on a lattice of smooth slate walkways that extend from the structure of the stadium. The spaces between walkways provide amenities for the stadium visitor: sunken gardens, stone squares, bamboo groves, mineral hillscapes, and openings into the plinth itself. Gently, almost imperceptibly, the ground of the city rises and forms a plinth for the stadium. The entrance to the stadium is therefore slightly raised, providing a panorama of the entire Olympic complex.

The roof

Its appearance is pure structure. Facade and structure are identical. The structural elements mutually support each other and converge into a spatial grid – like formation, in which facades, stairs, bowl structure and the roof are integrated. To make the roof weatherproof the spaces in the structure of the stadium will be filled with a translucent membrane just as birds stuff their spaces between the woven twigs of their nests with soft filler. Since all of the facilities—restaurants, suites, shops and restrooms— are self – contained units, it is largely possible to do without a solid, enclosed facade. This allows natural ventilation of the stadium, which is the most important aspect of the stadium's sustainable design.

The bowl

The stadium is conceived as a large collective vessel, which makes a distinctive and unmistakable impression both when it is seen from a distance and from a nearby place. Inside the stadium, an evenly constructed bowl-like shape serves to generate crowd excitement and drive athletes to outstanding performances. To create a smooth and homogeneous appearance, the stands have minimal interruption and the acoustic ceiling hides the structure in order to focus attention on the spectators and the events on the field. The human crowd forms the architecture.

建筑专业术语

① 建筑面积 floor space

② 主体结构 main body

③ 设计使用年限 a design life of

④ 耐火等级 fire resistance capability

⑤ 抗震设防烈度 withstand an magnitude earthquake

⑥ 地下工程 underground project

⑦ 防水 water-resistance capability

⑧ 钢结构 steel structure

⑨ 空间马鞍形钢桁架编织式结构 saddle-shaped elliptic steel structure

⑩ 钢筋混凝土框架 concrete framework

⑪ 剪力墙结构体系 shear wall system

⑫ 双层膜结构 double-layer membrane structure

⑬ 透明的ETFE膜 transparent ETFE membrane

⑭ PTFE声学吊顶 PTFE acoustic ceiling

⑮ 数码屏幕 digital screen

⑯ 体育场的空间效果 spatial effect of the stadium

⑰ 基座 plinth

⑱ 石板步道 slate walkway

⑲ 独自控制的单元 self-contained unit

⑳ 自然通风 natural ventilation

6.4 水立方

基本介绍

  国家水立方游泳中心又被称为"水立方"（Water Cube），位于北京奥林匹克公园内，是北京为2008年夏季奥运会修建的主游泳馆，也是2008年北京奥运会标志性建筑物之一。它的设计方案，是经全球设计竞赛产生的"水的立方"($[H_2O]^3$)方案。2003年12月24日开工，2008年1月28日竣工。其与国家体育场（俗称鸟巢）分列于北京城市中轴线北端的两侧，共同形成相对完整的北京历史文化名城形象。国家游泳中心规划建设用62950平方米，总建筑面积65000~80000平方米，其中地下部分的建筑面积不少于15000平方米，长宽高分别为177m×177m×30m。来自101个国家和地区的35万多港澳台同胞及海外侨胞共捐献了9.4亿元人民币。

奥运过后，水立方和鸟巢已成为北京市的新地标。

建筑特色

膜结构的完美体现——水立方。膜结构建筑是21世纪最具代表性的一种全新的建筑形式，至今已成为大跨度空间建筑的主要形式之一。它集建筑学、结构力学、精细化工、材料科学与计算机技术等为一体，建造出具有标志性的空间结构形式，它不仅体现出结构的力量美，还充分表现出建筑师的设想，享受大自然浪漫空间。

在2008年的奥运会建筑设计上，膜结构应用就得到完美的体现。"水立方"是世界上最大的膜结构工程，除了地面之外，外表都采用了膜结构——ETFE材料，蓝色的表面出乎意料得柔软但又很结实。国家体育馆工程承包总经理谭晓春透露，这种材料的寿命为20多年，但实际会比这个长，人可以踩在上面行走，感觉非常好。目前世界上只有三家企业能够完成这个膜结构。

"考虑到场馆的节能标准，膜结构具有较强的隔热功能。另外，修补这种结构非常方便，比如，射枪或者是尖锐的东西戳进去后，监控的电脑会自动显现出来。如果破了一个洞，只需用不干胶一贴就行了。膜结构还非常轻巧，并具有良好的自洁性，尘土不容易粘在上面，尘土也能随着雨水被排出。"谭晓春说。膜结构自身就具有排水和排污的功能以及去湿和防雾功能，尤其是防结露功能，对游泳运动尤其重要。

作为一个摹写水的建筑，水立方纷繁自由的结构形式，源自对规划体系巧妙而简单的变异，简洁纯净的体形谦虚地与宏伟的主场对话，不同气质的对比使各自的灵性得到趣味盎然的共生。椰树、沙滩、人造海浪……将奥林匹克的竞技场升华为世人心目中永远的水上乐园。

设计理念

"水立方"位于奥林匹克公园 B 区西侧，和国家体育场"鸟巢"隔马路遥相呼应，建设规模约 8 万平方米，最引人注意的就是外围形似水泡的 ETFE 膜（乙烯—四氟乙烯共聚物）。ETFE 膜是一种透明膜，能为场馆内带来更多的自然光，它的内部是一个多层楼建筑，对称排列的大看台视野开阔，馆内乳白色的建筑与碧蓝的水池相映成趣。国家游泳中心采用的设计方案，是经全球设计竞赛脱颖而出的"水的立方"（$[H_2O]^3$）方案。

该方案由中国建筑工程总公司、澳大利亚 PTW 建筑师事务所、ARUP 澳大利亚有限公司联合设计。其中中方设计者是中建国际（深圳）设计顾问有限公司——水立方方案第一设计人郑方、公司总裁兼总建筑师赵小钧、暖通总工程师毛红卫等。PTW 建筑事务所的两名方案辅助设计师为约翰·保林与托比·王。

设计体现出 $[H_2O]^3$（"水立方"）的设计理念，为融建筑设计与结构设计于一体，设计新颖，结构独特，与国家体育场相互协调，功能上完全满足 2008 年奥运会赛事要求，而且易于赛后运营。

设计来源

这个看似简单的"方盒子"是中国传统文化和现代科技共同"搭建"而成的。中国人认为，没有规矩不成方圆，按照制定出来的规矩做事，就可以获得整体的和谐统一。在中国传统文化中，"天圆地方"的设计思想催生了"水立方"，它与圆形的"鸟巢"——国家体育场相互呼应，相得益彰。方形是中国古代城市建筑最基本的形态，它体现的是中国文化中以纲常伦理为代表的社会生活规则。而这个"方盒子"又能够最佳体现国家游泳中心的多功能要求，从而实现了传统文化与建筑功能的完美结合。

在中国文化里，水是一种重要的自然元素，并激发起人们欢乐的情绪。国家游泳中心赛后将成为北京最大的水上乐园，所以设计者针对各个年龄层次的人，探寻水可以提供的各种娱乐方式，开发出水的各种不同的用途，他们将这种设计理念称作"水立方"。希望它能激发人们的灵感和热情，丰富人们的生活，并为人们提供一个记忆的载体。

为达此目的，设计者将水的概念深化，不仅利用水的装饰作用，还利用其独特的微观结构。基于"泡沫"理论的设计灵感，他们为"方盒子"包裹上了一层建筑外皮，上面布满了酷似水分子结构的几何形状。水立方表面覆盖的ETFE膜又赋予了建筑冰晶状的外貌，使其具有独特的视觉效果和感受，轮廓和外观变得柔和。水的神韵在建筑中得到了完美的体现。轻灵的"水立方"能够夺魁，还在于它体现了诸多科技和环保特点。合理利用自然通风，循环水系统的合理开发，高科技建筑材料的广泛应用，都共同为国家游泳中心增添了更多的时代气息。泳池也应用了许多创新设计，如把室外空气引入池水表面，带孔的终点池岸，视觉和声音开始信号等，这将使比赛池成为世界上先进的泳池。

Water Cube

Brief Introduction

The National Water Cube swimming center, also known as the "Water Cube", is located in the Beijing Olympic Park, the main swimming pool built for the 2008 Summer Olympic Games in Beijing and one of the landmark buildings of the 2008 Beijing Olympic Games. Its design plan is the "Water Cube" ($[H_2O]3$) scheme, which is generated by the global design competition. It was started in December 24, 2003 and completed in January 28, 2008. It and National Stadium (commonly known as bird's

Nest) are listed on the two sides of the northern axis of Beijing's central axis, forming a relatively complete image of Beijing's historic and cultural city. The National Swimming Center has 62950 square meters of planning and construction land, with a total building area of 65000 – 80000 square meters, of which the floor area of the underground part is not less than 15000 square meters, and the length, width and height are 177m ×177m ×30m respectively. More than 350 thousand Hong Kong, Macao and Taiwan compatriots and overseas Chinese from 101 countries and regions have contributed 940 million yuan. Among them, Zheng Yutong, Zheng Jiachun, his son and his subordinate enterprises donated fifty million yuan.

After the Olympic Games, water cube and bird nest have become the new landmark of Beijing.

Architectural features

The perfect embodiment of the membrane structure – the water cube. Membrane structure is the most representative form of architecture in the twenty – first Century. It has become one of the main forms of large – span space buildings. It combines architecture, structural mechanics, fine chemical, material science and computer technology to build a landmark space structure. It not only embodies the beauty of the structure, but also fully displays the architect's imagination and enjoys the romantic space of nature.

In the 2008 Olympic Games architectural design, the application of membrane structure was perfectly reflected. "Water Cube" is the world's largest membrane structure engineering, in addition to the surface, the appearance of the membrane structure of the—ETFE material, the blue surface is surprisingly soft but very substantial. Tan Xiaochun, the general manager of the construction contract of the national gymnasium, said the life of the material was 20 years, but it would be longer than that, and people could walk on it and feel great. At present, only three enterprises in the world can complete the membrane structure.

"In view of the Stadiums' energy saving standards, the membrane structure has a strong heat insulation function. In addition, it is very convenient to repair the structure, for example, when the gun or sharp objects are stamped in, the monitored computer will automatically appear. If a hole is broken, only a sticker is needed; the membrane structure is very light and has good self-cleaning. The dust is not easy to stick on it, and the dust can be discharged with the rain." Tan Xiaochun said. Membrane structure itself has the function of drainage and sewage, and the function of dehumidification and anti-fogging, especially the anti-condensation function, which is especially important for swimming.

As a building that depict water, the complex and free structure of the water cube derives from the ingenious and simple variation to the planning system, the simple and pure humility of the body and the grand home dialogue, and the contrast of different temperaments to their spirituality. Coconut, beach, artificial sea wave... The Olympic arena is sublimated into the eternal water paradise of the world.

Design concept

"Water Cube" is located on the west side of the Olympic Park B area, and the National Stadium 'bird nest' across the road, Its construction scale is about 80 thousand square meters, and the most attractive teature is the peripheral ETFE film like bubble (ethylene Teflon). ETFE film is a transparent film, which can bring more natural light to the stadium. His interior is a multi-storey building with a wide view of large stands in symmetrical arrangement. The milk white building in the museum is very harmonious with the blue water pool. The design scheme adopted by the National Swimming Center is the "Water Cube" ($[H_2O]^3$) scheme that stands out from the global design competition.

The scheme is jointly designed by China Construction Engineering Corporation, Australia PTW architects and ARUP Bp Australia Limited. The Chinese designers are from China Construction International (Shenzhen) Design Consulting Co., Ltd., the first designer of the water cube plan, President and general architect Zhao Xiaojun, and HVAC General Engineer Mao Hongwei. The two program assistant designers of the PTW architecture firm are John Pauline and Toby Wong.

The design embodies the design concept of $[H_2O]^3$ ("Water Cube"). It combines architectural design and structural design in one. It has a novel design and unique structure. It is more coordinated with the National Stadium. It fully meets the requirements of the 2008 Olympic Games and is easy to operate after the game.

Design Origin

This seemingly simple "square box" is built together by Chinese traditional culture and modern technology. The Chinese believe that nothing can be accomplished without norms and standards. In accordance with the established rules, we can achieve overall harmony and unity. In Chinese traditional culture, the "the round heaven and the square earth" design thought hastened the "Water Cube". It echoed with the round "bird's nest", the National Stadium, and complemented each other. Square is the most basic form of ancient Chinese urban architecture. It embodies the rules of social life represented by outline ethics in Chinese culture. The "square box" can best reflect the multifunctional requirements of the National Swimming Center, thus realizing the perfect combination of traditional culture and architectural function.

In Chinese culture, water is an important natural element and arousing people's happiness. The National Swimming Center will be the largest water park in Beijing after the race, so the designer seeks the various forms of entertainment that water can provide for people of all ages and develop various uses of the water, which they call the "Water Cube". It is hoped that it can boost people's inspiration and enthusiasm, enrich people's lives, and provide people with a memory carrier.

To achieve this goal, the designer deepened the concept of water, not only using the decorative function of water, but also using its unique microstructure. Based on the design inspiration of the "foam" theory, they wrapped a layer of architectural outer skins for the "square box", covered with the geometry of the cool water molecular structure. The ETFE film on the surface of the water cube also gives the appearance of ice crystal, giving it unique visual effects and feelings, and its contour and appearance are softer. The charm of water has been perfectly reflected in architecture. The "Water Cube" can win the championship. It also embodies many technological and environmental characteristics. The rational development of natural ventilation, the rational development of circulating water system and the wide application of high tech building materials have added more times to the National Swimming Center. The pool also uses a number of innovative designs, such as the introduction of outdoor air to the surface of the pool, the terminal pool with holes, visual and sound starting signals, which will make the pool a most advanced swimming pool in the world.

建筑专业术语

① 建筑特色 Architectural features

② 水立方 Water Cube

③ 膜结构 membrane structure

④ 建筑形式 form of architecture

⑤ 大跨度空间建筑 large – span space buildings

⑥ 建筑学 architecture

⑦ 结构力学 structural mechanics

⑧ 精细化工 fine chemical

⑨ 材料科学 material science

⑩ 节能标准 energy saving standards

⑪ 自洁性 self – cleaning

⑫ 排水和排污的功能 function of drainage and sewage

⑬ 去湿和防雾功能 function of dehumidification and anti – fogging

⑭ 防结露功能 anti – condensation function

⑮ ETFE 膜（乙烯—四氟乙烯共聚物）ETFE film（ethylene Teflon）

⑯ 透明膜 transparent film

⑰ 自然光 natural light

⑱ 对称排列 symmetrical arrangement

⑲ 视觉和声音的开始信号 visual and sound starting signals

⑳ 循环水系统 circulating water system

6.5 北京故宫

故 宫

北京故宫，旧称紫禁城，位于北京中轴线的中心，是明清两个朝代的皇宫，是世界上现存规模最大、保存最为完整的木质结构的宫殿型建筑。故宫入选了世界文化遗产，是全国重点文物保护单位，国家AAAAA级旅游景区。

北京故宫于明成祖朱棣于公元1406年开始建设，明代永乐十八年（1420年）建成，曾有24位皇帝在此住过。故宫被誉为世界五大宫之首（北京故宫、法国凡尔赛宫、英国白金汉宫、美国白宫和俄罗斯克里姆林宫）。

故宫是一个巨大的建筑艺术瑰宝。建筑的艺术语言和表现手段非常丰富，包括空间、形体、比例、均衡、节奏、色彩、装饰等许多因素,正是它们共同构成了建筑艺术的造型美。下面我们就从这些方面来欣赏故宫建筑艺术的造型美。

空间,是建筑的基本形式要素,建筑主要通过创造各种内外空间来满足人们的实际需要,巧妙地处理空间,可以大大增强建筑艺术的表现力。故宫的建筑艺术主要是群体组合的艺术,群体间的联系、过渡、转换,构成了丰富的铺陈展开的空间序列。故宫总体分为南部的前朝和北部的后寝两部分。南部以太和殿、中和殿、保和殿三大殿为中心,两侧辅以文华、武英两殿,是皇帝上朝接受朝贺、接见群臣和举行大型典礼的地方。三大殿建在高8米多的须弥座式三层平台上,四周环绕着石雕栏杆,气势磅礴,是故宫中最壮观的建筑群,表现出不同凡响的崇高地位。其中太和殿是故宫中等级最高,体量最大的建筑,也是我国现存的一座最大的古代木结构殿宇。北半部则以乾清宫、交泰殿、坤宁宫后三宫及东、西六宫和御花园为中心,其外东侧有奉先殿、皇极殿等,西侧有养心殿、雨花阁、慈宁宫等,是皇帝与后妃、皇子和公主们居住、举行祭祀和宗教活动以及处理日常政务的地方。

形体,主要指建筑物的总体轮廓。故宫的建筑气势恢弘,规模巨大。南北长961米,东西宽753米,占地72万多平方米,建筑总面积达16万多平方米,现存房屋8700余间。四周环绕高约10米的城墙和宽52米的护城河。城墙四周各设城门一座,南面午门,是故宫的正门,北面神武门,东面东华门,西面西华门。故宫整个建筑空间变化丰富,体量雄伟,外观壮丽,有主有从,显示出庄严肃穆、唯帝王独尊的宏大气势。

比例,主要是指巧妙处理建筑物各部分之间的比例关系,建筑中长宽高的比例,凹与凸的比例、虚与实的比例等,都直接影响到建筑美。故宫整体建筑的比例和谐令人赞叹。以中国古代建筑外观上最显著的特征——屋顶形式为例,外朝三大殿(太和殿、中和殿与保和殿)的屋顶就各不相同。太和殿是重檐庑殿顶,中和殿为四角攒尖顶，保和殿则是重檐歇山顶。

不同屋顶形式的运用，除了封建等级观念的影响外，也使这三座紧密相连的宫殿在建筑形象上通过明显的对比而显得更加鲜明。尤其故宫的四座角楼，其屋顶结构更为复杂、奇巧，各部分比例谐调，檐角秀丽，造型玲珑别致，从而成为北京故宫的象征。均衡，主要指建筑在构图上的对称，包括建筑物前后、左右、上下各部分之间的关系。

均衡对称常常给人一种严肃庄重的感觉，增加崇高的美感。故宫作为一个完整的建筑群非常均衡对称，其中每座建筑物都是在一条由南到北的中轴线上展开，整个建筑群的中心是高大的太和殿，以此为中心由南向北伸展。故宫宫殿建筑布局沿南北中轴线向东西两侧展开。

节奏，指通过有规律的变化和排列，利用建筑物的墙、柱、门、窗等有秩序的重复出现，产生一种韵律美或节奏美，正是在这一点上，建筑和音乐具有相似的共同之处，因而人们把它们分别说成是凝固的音乐和流动的建筑。

我国著名建筑学家梁思成先生就曾经专门研究过故宫的廊柱，并从中发现了十分明显的节奏感与韵律感，从天安门经过端门到午门，就有着明显的节奏感，两旁的柱子有节奏地排列，形成连续不断的空间序列。

色彩，也常常构成建筑特有的艺术形象，给人们独特的审美感受和难忘的印象。北京故宫主要建筑的黄色琉璃瓦顶金碧辉煌、朱红色的柱子与门窗、檐下处于阴影部位的青绿色略点金的建筑彩画，在白色台基的衬托下，使建筑物各部分轮廓更加鲜明，色彩别具一格，从而使建筑物更加富丽堂皇。

故宫的建筑十分注意屋顶的装饰，不但在屋角处做出翘角飞檐，饰以各种雕刻彩绘，还常常在屋脊上增加华丽的走兽装饰。甚至故宫内各种门上九九排列的门钉，作为装饰也具有十分浓郁的民族文化

翻译与建筑

内涵。

总之,正是通过空间、形体、比例、均衡、节奏、色彩、装饰等多种因素的协调统一,才形成了故宫建筑艺术特有的空间造型美。殿宇楼台,高低错落,壮观雄伟。故宫的建筑集中体现了中国古代建筑艺术的优秀传统和独特风格,是中国古代建筑的经典之作。

the Palace Museum

The Imperial Palace in Beijing, formerly known as the Forbidden City and regarded as the Palace Museum presently, is located in the center of the central axis of Beijing. It is the palace of the two dynasties in the Ming and Qing Dynasties. It is the largest and most complete wooden structure in the world. The Imperial Palace has been selected as the world cultural heritage. It is a national key cultural relic protection unit and a national AAAAA grade tourist attraction.

Yongle, the founder of the Imperial Palace in Beijing, began construction in 1406. In the Ming Dynasty, Yongle was built in eighteen years (1420), and 24 emperors lived here. The Imperial Palace is known as the five largest palace in the world (the Imperial Palace in Beijing, Palace of Versailles in France, the British Buckingham Palace, the White House and Russian Kremlin).

The Imperial Palace is a great treasure of architectural art. The art language and means of expression are very rich, including space, shape, proportion, balance, rhythm, color, decoration and many other factors, which constitute the beauty of the architectural art. Next we will appreciate the beauty of the architectural art of the Imperial Palace from these aspects. Space is the basic form factor of architecture. The building is mainly by creating all kinds of inner and outer space to meet the actual needs of people and skillfully dealing with space, which can greatly enhance the expressive force of the architectural art.

The architectural art of the Palace Museum is mainly the art of group composition. The connection, transition and transformation among groups form a rich series of spatial sequences. The Palace Museum is divided into two parts: the southern part for an emperor and officials' working and the northern part for his family's activities. The three main hall of the southern part is Taihe Hall, Baohe Hall, and Zhonghe Hall, which are the halls of neutralization The two sides of the halls are Wenhua Hall and Wuying Hall, where an emperor holds the large ceremonies, grants an interview to foreigners, and meets officials. The three central Halls are built on the three-story platform with more than eight meters high, surrounded by stone carving railings. It is the most magnificent building group in the Palace Museum, showing the lofty status of the extraordinary. Taihe Hau is the highest grade and largest volume building in the Imperial Palace. It is also the largest ancient wooden structure in China. In the north half, the Qianqing Palace, Jiaotai Hall, the Kun ning palace, the East and West Palace and the Imperial Garden are the center of the north half, and outside are the Fengxian hall, the Huangji hall. The western side includes the Yangxin hall, the Yuhua Pavilion, the Cining Palace and so on. They are the places where the emperor and the imperial concubines, princes and princesses live, hold the sacrificial and religious activities, and deal with the daily affairs.

Form, mainly refers to theoverall outline of a building. The building of the the Imperial Palace is magnificent and huge. North and South are 961 meters long, 753 meters wide, covering more than 720 thousand square meters, with a total area of more than 160 thousand square meters and 8700 houses. It is surrounded by a wall of about 10 meters high and a moat 52 meters wide. The city walls are surrounded by gates, and the South Meridian Gate is the main entrance of the Imperial Palace, the northern gate of Shen Wu, the east gate of Donghua, and the west gate of Xihua. The whole building space of the Imperial Palace is rich in space, magnificent in size and magnificent in appearance. It shows the grand momentum of solemn and solemn monarch.

The proportion, mainly refers to the skillful handling of the proportion of the various parts of the building, the proportion of long and wide in the building, the proportion of concave and convex, and the proportion of virtual and real, all directly affect the beauty of the building. The proportions of the overall building in the Imperial Palace are very impressive. The roofs of the three main hall (Taihe Hall, Zhonghe Hall and Baohe Hall) are different, which are the most prominent features of the ancient Chinese architecture. Taihe Hall is the top of double eaves. Zhonghe Hall possesses a roof with four corners. Baohe Hall takes Xieshan roof eaves.

The use of different forms of the roof, in addition to the influence of the feudal hierarchy, also made the three closely connected palaces more distinct in the architectural image. Especially the Imperial Palace buildings, its roof structure is more complex and ingenious, and the proportion of each part is harmonious, the cornice angle is beautiful, the shape is exquisite and exquisite, thus become the symbol of the the Imperial Palace in Beijing.

Equilibrium refers to the symmetry of the building in composition, including the relationship between the front, left, top and bottom parts of the building. Balanced symmetry often gives people a solemn and serious feeling and adds sublime beauty. The the Imperial Palace, as a complete group of buildings, is very balanced and symmetrical, each of which is carried out on a central axis from south to north, and the center of the whole building is a tall Taihe Hall.

The layout of the Imperial Palace's palaces develops along the north – south axis to the east and west sides.

Rhythm, refers to a regular change and arrangement, the use of the building's walls, columns, doors, windows and other orderly repeated appearance, producing arhythmic beauty or rhythmic beauty. On this point, architecture and music possess the same common element, so they are described as solidified music or mobile buildings.

Mr. Liang Sicheng, a famous architect in China, once specially studied the pillars of the Imperial Palace, and found a very obvious sense of rhythm. From the end door to the gate of the Tiananmen, there is a clear sense of rhythm. The columns on both sides are arranged rhythmically, forming a continuous space sequence.

Color often forms the unique artistic image of architecture, giving people unique aesthetic feeling and unforgettable impression. The yellow glazed tile roofs of the main buildings of the Imperial Palace in Beijing are brilliant. Columns and doors and windows are vermilion. The decorative painting in the shade under the eaves is slightly dark green mixed gold. All the colors with the white base of the table, make the outline of the buildings more distinct and unique, thus making them more magnificent.

The buildings of the Imperial Palace pay much attention to the decoration of the roofs, not only in the corner of the roof, but also with various sculptures and ornaments on the roof of the house. Even the 99 door nails on various doors in the Imperial Palace embody strong national cultural connotations as decoration.

In a word, it is through the coordination of many factors such as space, shape, proportion, balance, rhythm, color, decoration and so on, which has formed the unique beauty of space modeling in the architectural art of the Imperial Palace. The terrace of the palace, the high and low, magnificent and spectacular. The architecture of the Imperial Palace embodies the fine tradition and unique style of Chinese ancient architectural art. It is a classic work of ancient Chinese architecture.

建筑专业术语

① 中轴线 central axis

② 木质结构 wooden structure

③ 世界文化遗产 world cultural heritage

④ 国家AAAAA级旅游景区 national AAAAA grade tourist attraction

⑤ 群体组合 group composition

⑥ 空间序列 spatial sequences

⑦ 石雕栏杆 stone carving railings

⑧ 总体轮廓 overall outline of a building

⑨ 均衡对称 Balanced symmetry

⑩ 韵律美 rhythmic beauty

⑪ 凝固的音乐 solidified music

⑫ 流动的建筑 mobile buildings

⑬ 廊柱 pillar

⑭ 黄色琉璃瓦 yellow glazed tile

⑮ 屋顶 roof

⑯ 门钉 door nail

⑰ 民族文化内涵 national cultural connotation

⑱ 独特风格 unique style

⑲ 中国古代建筑 ancient Chinese architecture

⑳ 经典之作 a classic work

6.6 天坛

天 坛

　　天坛是一个值得参观的地方。天坛位于北京紫禁城的东南方,是明、清两朝皇帝举行祭天大典的场所,占地273公顷,平面布局北圆

翻译与建筑

南方,象征天圆地方。两道坛墙将坛域分为内、外坛,祭祀建筑集中于内坛,并分为南北两部分。南部为"圜丘坛",北部为"祈谷坛"。南北两坛由一条长360米的甬道丹陛桥相连。祈谷坛西有斋宫。外坛西南分布有神乐署,牺牲所。它的面积比故宫(紫禁城)大得多,比颐和园小。天坛始建于明代公元1420年,为祭天之用。由于中国皇帝自称"天之子",所以他们不敢使自己的住宅"紫禁城"比天的大。

天坛是现存世界上最大的祭天建筑群。1998年12月被联合国教科文组织列入《世界遗产名录》。

祭天在中国有非常悠久的历史,自西周时期统治者提出"君权天授"的理论后,祭天作为统治者维护自己政权的一种活动,得到历代皇帝的重视。朱元璋在南京建立明朝后,立即在钟山之阳(南)建圜丘坛以祭天,在钟山之阴(北)建方泽坛以祭地。不久改天地分祭为合祭制度,建天地坛合祭皇天后土。

明成祖朱棣迁都北京后,仿照南京的规制建立了天地坛。北京天地坛建成于明朝永乐十八年十二月(公元1421年2月)主要建筑为大祀殿,基础在现在祈谷坛位置上,规模比南京天地坛大。

天地合祭110年后,嘉靖皇帝又将天地合祭改为分祭。在北京城的东、南、西、北四郊建立了日坛、天坛、月坛和地坛,天坛又称为圜丘坛,专门祭祀皇天上帝。

天地分祀后大祀殿即废止。嘉靖十七年(公元1538年)拆大祀殿,在其旧址上仿古明堂建大享殿,以举行秋享上帝典礼。大享殿建在三层圆形坛基上,殿为圆形,三层重檐攒尖金顶。上檐蓝色,中檐黄色,下檐绿色,象征天地人三位一体。

清朝建立后,保留了明代的祭坛和祭祀制度,只是大享殿不再举行大享礼,改为举行祈谷典礼。乾隆十六年(公元1751年)将大享殿改名祈年殿,门改为祈年门,以符祈谷之意。次年三层重檐及皇乾殿、祈年门、皇穹宇等建筑的屋顶均改为蓝色琉璃瓦,以象天色。乾隆十四年（公元1749年），乾隆皇帝将圜丘扩建，坛制不变，但栏板、望柱改为汉白玉，坛面则改铺艾叶青石，上层中心为一圆形石块，外铺九圈扇形石块，内圈九块，其余以九的倍数递增，中、下层亦皆如此。各层栏板、望柱数目和台阶数都为九或九的倍数，以象征天数。北京天坛经过乾隆时期的调整完善之后，整个坛祭制度最终形成。同时，祭天礼仪制度也在乾隆时期得以最后确定。

明清两朝，北京天坛共有22个皇帝举行过654次祭天大典。1911年清朝皇帝退位，祭天制度废除。天坛也从此失去了皇家祭坛的地位。但1914年袁世凯为复辟帝制，重新制定了一套祭天礼仪及祭祀服饰，于当年冬至举行祭天大典。不久袁世凯身亡，洪宪帝制被废。这次祭祀也成为天坛历史上最后一次祭天大典。

天坛被长长的围墙围着。墙里的北面部分是象征着上天的半圆环，南部是象征着大地的方形广场。北部高于南部。这种设计显示天在上，地在下，反映了中国古代人民"天圆地方"的思想。

两层围墙把天坛分为内坛和外坛。天坛的主体建筑位于内坛中轴线的南北两端。最宏伟的建筑物从南到北依次是圜丘坛、皇穹宇和祈年殿。还有其他的建筑物，如三音石和回音壁。

圜丘坛是三层汉白玉构成的平台。在明朝时期（公元1368年～公元1911年），皇帝将在每年的冬至祭天。此仪式是为了感谢上天并祈愿将来一切都好。祈年殿是一座大殿，圆顶，有三层屋檐。天坛另一个重要的建筑是皇穹宇。如果从远处看，你会发现皇穹宇像一把蓝伞。它的结构和祈年殿类似，但规模较小，由砖和木材构成，并被白色大理石栏杆围绕着。

皇穹宇殿前甬路从北面数，前三块石板即为"三音石"。当站在第一块石板上击一下掌，只能听见一声回音；当站在第二块石板上击一下掌就可以听见两声回音；当站在第三块石板上击一下掌便听到连续不断的三声回音。这就是为什么把这三块石板称为三音石的原因。

另一个有趣的著名的地方是别具一格的回音壁。它围绕着皇穹宇，周长为193米。

作为中国祭天文化的物质载体，天坛积淀了深厚的民族文化内涵。天坛文化涉及中华民族文化的诸多领域，包括历史、政治、哲学、天文、建筑、历法、音乐、绘画、园林、伦理等等，是集中国传统文化之大成。

1998年12月2日，在日本京都召开的第22届世界遗产委员会会议上，天坛被列入世界遗产名录。同时，世界遗产委员会高度概括了天坛作为文化遗产的标准："第一，天坛是建筑和景观设计之杰作，朴素而鲜明地体现出对世界伟大文明之一的发展产生过深刻影响的一种极其重要的宇宙观。第二，许多世纪以来，天坛所独具的象征性布局和设计，对远东地区的建筑和规制产生了深刻的影响。第三，两千多年来，中国一直处于封建王朝统治之下，而天坛的设计和布局正是这些封建王朝合法性的象征。"

目前，天坛公园正以其深厚的民族文化内涵、宏伟的古典建筑景观、古朴的祭坛环境氛围吸引着成千上万的中外游客前来参观游览。

The Temple of Heaven

The Temple of Heaven is a worthwhile visiting place in Beijing. Located to the southeast of the Forbidden City, the Temple of Heaven was where emperors of the Ming (1368 – 1644) and Qing (1644 – 1911) Dynasties worshipped heaven. It covers 273 hectaresand the layout is circular in the north and square in the south to symbolize the circular heaven and the square earth. The compound has two surrounding walls. The main buildings for worship are located within the inner wall. The main buildings – the Circular Mound Altar in the south and the Altar of Prayer for Good Harvests in the north – are linked with a 360 – meter – long passage, called Danbiqiao or Red Stairway Bridge. To the west of the Altar of

Prayer for Good Harvests lies the Hall of Abstinence; to the southwest are the Divine Music Administration and the Department for Sacrifices. It is much bigger than the Imperial Palace (the Forbidden City) and smaller than the Summer Palace. The temple was built in 1420 A. D. in the Ming Dynasty to offer sacrifice to Heaven. As Chinese emperors called themselves "the Son of Heaven", they dared not to build their own dwelling "the Forbidden City" bigger than the dwelling for Heaven.

The Temple of Heaven is the largest existing architectural complex in the world for the purpose of praying to heaven for good harvests. It was included in the World Heritage List by UNESCO in December 1998.

The Chinese have a long history of worshipping heaven. Because the rulers of the Western Zhou Dynasty (11th Century – 771 BC) claimed that they were empowered by heaven, the worship of heaven was continued by almost all state rulers as a way to uphold their right of administration. After Zhu Yuanzhang, the first emperor of the Ming Dynasty, established his rule in Nanjing, he ordered a circular mound altar built on the southern slope of Zhongshan Mountain to worship heaven and a square altar built on the northern slope to worship earth. Later the ceremonies to worship heaven and earth were merged and held in one temple.

After Zhu Li, the second emperor of the Ming Dynasty, moved the capital from Nanjing to Beijing, he had the Altar of Heaven and Earth built in the new capital based on the standards of the one in Nanjing, but larger in size. Construction was completed in February, 1421, at the site of today's Altar of Prayer for Good Harvests. The Temple of Worship was the main place for the ceremony.

About 110 years later, Emperor Jiajing issued an order to separate the worship ceremony of heaven from that of earth. Four altars were then built in the four directions (east, south, west and north) of the city of Beijing to worship the sun, heaven, the moon and the earth. The Temple of Heaven, also known as the Circular Mound Altar, was built to worship heaven.

The Hall of Worship was abandoned after the separation of the ceremonies and demolished in 1538. On that site was erected the Hall of Fruition, where ceremonies were held in autumn to present the harvest to heaven. The temple, sitting on a three-layer round base, was a round building with triple-eaved roof—the upper eave was blue, the middle eave yellow and the lower green. This symbolized the combination of the heaven, the earth and the people.

The rulers of the Qing Dynasty, which replaced the Ming Dynasty in 1644, kept the worship system, but changed the function of the Temple of Worship from presenting fruits to heaven to prayer for good harvests. The temple was renamed the temple of Prayer for Good Harvests in 1751, and the entrance was renamed the Gate of Prayer for Good Harvests. The following year the roofs of major buildings were replaced with blue glazed tiles to match the color of the sky. In 1749, Emperor Qianlong had the Circular Mound Altar expanded. The wooden railing and balustrades were replaced with white marble and the ground was paved with greenish stones. In the middle of the upper terrace was placed a round stone surrounded by nine concentric rings of paving stones. The number of stones in the first ring is 9, in the second 18, and so on, up to 81 in the ninth ring. The middle and bottom terraces are also nine rings each. Even the numbers of the carved railing, the balustrades and the steps are also in multiples of nine, to coincide with the astronomical phenomena. With all these readjustments, the altar system was finally completed and the worship of the heaven was reformed during the reign of Emperor Qianlong (1736–1795).

A total of 22 Ming and Qing emperors held 654 ceremonies to worship the heaven in Beijing. The worship was abandoned in 1911 when the last emperor of the Qing court abdicated and the Temple of Heaven ended its role as an imperial altar. However, the last ceremony held at the Temple was on the Winter Solstice in 1914 by Yuan Shikai who attempted to re-establish a monarchy. Yuan developed a new ceremony and tailored special attire therefore. Yuan died shortly thereafter and his regime was overthrown.

The Temple of Heaven is enclosed with a long wall. The northern part within the wall is semicircular symbolizing the heavens and the southern part is square symbolizing the earth. The northern part is higher than the southern part. This design shows that the heaven is high and the earth is low and reflects an ancient Chinese thought of "The heaven is round and the earth is square".

The Temple of Heaven is divided by two enclosed walls into inner part and outer part. The main buildings of the temple lie at the south and north ends of the middle axis line of the inner part. The most magnificent buildings from south to north are the Circular Terrace, the Imperial Heavenly Vault and the Hall of Prayer for Good Harvests. Also, there are some additional buildings like Three Echo Stones and Echo Wall.

Circular Mound Altar has three layered terraces with white marble. During the Ming and Qing Dynasties (1368A.D. −1911A.D.), the emperors would offer sacrifices to Heaven on the day of the Winter Solstice every year. This ceremony was to thank Heaven and hope everything would be good in the future. Temple of Prayer for Good Harvests is a big palace with round roof and three layers of eaves. Another important building in the Temple of Heaven is Imperial Heavenly Vault. If you look at it from far away, you will find that the vault is like a blue umbrella. The structure of it is like that of the Temple of Prayer for Good Harvests, but smaller in size. The vault was made of bricks and timber, with white marble railings surrounded.

Three Echo Stones is outside of the gate of Imperial Heavenly Vault. If you speak facing the vault while standing on the first stone, you will hear one echo; standing on the second and the third stone, you will hear two and three echoes respectively. That's why these three stones are named the Three Echo Stones. Another interesting and famous place for you to visit is called Echo Wall owning special feature. The wall encloses Imperial Heavenly Vault. Its perimeter is 193 meters.

As the place for the worship ceremony, the Temple of Heaven has deep cultural connotations for the Chinese nation. It is a comprehensive expression of Chinese history and culture, politics, philosophy, astronomy, architecture, calendar system, music, painting, gardening and ethics. It synthesizes the traditional culture of the Chinese nation.

On December 2, 1998, the Temple of Heaven was placed onto the World Heritage List at the 22nd conference of the World Heritage Committee. The committee came to the conclusion that firstly, the Temple of Heaven is a masterpiece of architecture and landscape design which simply and graphically illustrates a cosmogony of great importance for the evolution of one of the world's great civilizations. Moreover, the symbolic layout and design of the Temple of Heaven had a profound influence on architecture and planning in the Far East over many centuries. Besides, for more than two thousand years China was ruled by a series of feudal dynasties, the legitimacy of which was symbolized by the design and layout of the Temple of Heaven.

Presently, the Temple of Heaven receives millions of visitors from near and afar who are impressed by the complicated cultural presentation, the grand, ancient architectural complex and the secluded surroundings.

建筑专业术语

① 天坛 the Temple of Heaven

② 祭天大典 worshipping heaven ceremony

③ 平面布局 layout

④ 天圆地方 the round heaven and the square earth

⑤ 甬道 passage

⑥ 祭天建筑群 architectural complex for the purpose of praying to heaven for good harvests

⑦ 三层重檐顶 triple-eaved roof

⑧ 天地人三位一体 combination of the heaven, earth and the people

⑨ 皇家祭坛 imperial altar

⑩ 祭祀制度 worship system

⑪ 蓝色琉璃瓦 blue glazed tiles

⑫ 汉白玉 white marble

⑬ 艾叶青石 blue stone

⑭ 景观设计 landscape design

⑮ 封建王朝 feudal dynasties

6.7 人民大会堂

人民大会堂

人民大会堂位于北京西长安街天安门广场西侧。是党和国家及各人民团体举行政治、外交和社会活动的重要场所,是全国人民代表大会开会和全国人大常委会的办公地点。人民大会堂为建国10周年首都十大建筑之一,1959年9月竣工。坐西朝东,南北长336米,东西宽206米,高46.5米,占地面积15万平方米,建筑面积17.18万平方米,甚至比紫禁城总的建筑面积还大,因此成为世界上最大的厅堂结构。

建筑平面呈"山"字形,两翼略低,中部稍高,四面开门。大殿的大门是东门,正门门额上镶嵌着中华人民共和国国徽。外表为浅黄色花岗岩,上有黄绿相间的琉璃瓦屋檐,下有5米高的花岗岩基座,周为环列有134根圆形廊柱。正门柱直径2米,高25米。四面门前有5米高的花岗岩台阶。人民大会堂由中国工程技术人员自行设计、施工,在10个月内建成。建筑风格庄严雄伟,壮丽典雅,富有民族特色。内部设施齐全,有声、光、温控制和自动消防报警、灭火等现代化设施。

内部结构

建筑主要由3部分组成:中部为大礼堂和中央大厅,北部为宴会厅、礼宾厅及其他重要的大厅,南部为全国人大常委会办公楼。每个省、特别行政区和自治区都大厅有自己的厅,如北京厅、香港厅、台湾厅。每一个展厅都根据它所代表的省的地方特色,有独特的装饰风格和家具。

大礼堂和中央大厅

从东门进入,经风门厅、过厅到达中央大厅。中央大厅占地3600平方米,护墙和地面用彩色大理石铺砌。中央大厅有六个大门通向大礼堂。在中央大厅的中心,南北宽76米,东西进深60米,高33米,呈扇形,台子到处可见。大礼堂在一层设座位3693个,二层3515个,三层2518个,主席台可设座300—500个,总计可容纳1万人。下层礼堂配有电气设备,可用于12种语言的同声传译。顶部中央是红宝石般的巨大五角星灯,周围有镏金的70道光芒线和40个葵花瓣,与顶棚500盏满天星灯交相辉映。

礼宾厅和国宴厅

通过北门,经过两个大厅,到达友谊大厅。面积4500平方米,陪同厅铺大理石地砖。东边是国家宾客会议厅,西面是国家宾客宴会厅,是国家领导人会见和宴请国宾的场所。南面是一个白色的大理石楼梯,有62个台阶通向国家宴会厅。在楼梯的顶部是礼宾厅,是国家领导人和宾客在宴会前拍集体照片作为纪念的地方。中国最大的中国传统绘画"江山如此多娇",被放置在礼宾厅。国宴大厅位于二楼。占地面积7000平方米可以举行5000人的宴会或1万人的酒会。

用途

人民大会堂是北京的政治枢纽,也是全国人民代表大会的所在

翻译与建筑

地。每年三月,都会举办"两会",即中国人民政治协商会议和全国人民代表大会。两次会议的代表在大礼堂举行为期两至三周的会议。当国家会议不召开时,这座巨大的建筑向公众开放。近年来,一些非政治性的会议和音乐会也在这里举行。

The Great Hall of the People

The Great Hall of the People lies to the west of Tian'anmen Square and south of the West Chang'an Street. It is where the National People's Congress is held and also where state leaders hold diplomatic meetings and the masses stage political activities. As one of the "Ten Great Constructions" completed in celebration of the 10th anniversary of the founding of PRC, it was built in just 10 months between October 1958 and September 1959. Facing east, the hall covers an area of 150000sqm, 336m long from south to north, 206m wide from east to west and 46.5m high. The building area reaches to 171800sqm, even larger than that of the Forbidden City, hence the largest among hall structures in the world.

The grand hall takes on a "山" shape in a bird's eye view, with center wing higher than the two outer wings, and has doors on four sides. The main gate of the great hall is the East Gate, the lintel above which is beset with the national emblem of PRC. It is decorated with light yellow granite outside with a yellow green glazed tile eaves, and a granite base with a height of 5 meters. There are 134 circular columns around. The main gate column is 2 meters in diameter and 25 meters high. There are 5 meters of granite steps in front of the four faces. The Great Hall of the people is designed and built by Chinese engineers and technicians and is completed within 10 months. The architectural style is grand, magnificent, elegant and full of national characteristics. The interior facilities are complete, with sound, light, temperature control, automatic fire alarm, fire extinguishing and other modern facilities.

Inner Structures

The hall is divided into three sections. The central part mainly includes the Great Auditorium, and the Central Hall. The northern section consists of the State Banquet Hall, the Salute State Guest Hall and other magnificent halls. The southern part is the administrative building of the Standing Committee of the People's Congress of China. Each province, special administrative region and autonomous region of China has its own hall within the Great Hall, such as Beijing Hall, Hong Kong Hall and Taiwan Hall. Each hall is uniquely decorated and furnished according to the local style of the province it represents.

Great Auditorium & Central Hall

Entering through the East Gate, and passing through two halls, one will reach the Central Hall, covering an area of 3600sqm, The Central Hall has a colorful marble floor and walls. Six main gates standing in the Central Hall lead to the Great Auditorium. In the heart of the Great Hall, the Great Auditorium is 60m deep from east to west, 76m wide from south to north and 33m high. Fan-shaped, the dais is visible everywhere. The Great Auditorium seats 3693 in the lower auditorium, 3515 in the balcony, 2518 in the gallery and 300 to 500 on the dais, holding as many as 10000 representatives in total. The lower auditorium is equipped with electrical devices, available for simultaneous interpretation into 12 languages. The ceiling is decorated with a large ruby Pentagram lamp with 70 gold ray lines and 40 Sunflower petals around, surrounded by 500 lights just like a galaxy of stars.

Salute State Guest Hall & State Banquet Hall

Entering through the North Gate, passing through two halls, one will reach the Companionship Hall. With an area of 4500sqm, the Companionship Hall is paved with marble floor. To the east is the State Guest Meeting Hall and to the west is the State Guest Banquet Hall, serving as the sites for state leaders to meet and the banqueting of state guests. To the south is a big white marble staircase with 62 steps that led up to the State Banquet Hall. At the top of the staircase is the Salute State Guest Hall, the place for state leaders and guests to take group photos as souvenirs before the banquet. The biggest traditional Chinese painting of the Great Hall, named "Chinese scenery is magnificent", is placed in the Salute State Guest Hall. The State Banquet Hall rests on the second floor. With an area of 7000 square meters, it can entertain 10000 guestsforparty, and up to 5000 people can dine at a single sitting.

Usage

The Great Hall of the People is the political hub of Beijing and home of the National People's Congress. Every year, in March, it plays host to the liang hui, literally means "two meetings" (Chinese People's Political Consultative Conference and the National People's Congress), event. Representatives of the two meetings meet in sessions lasting for two to three weeks at the Great Auditorium. The Communist Party of China (CPC) also holds its National Congress every five years. This enormous building is open to the public when the national conference is not in session, and visitors are shown in a selection of routes. In recent years, some non-political conventions and concerts have also been held here.

建筑专业术语

① 人民大会堂 the Great Hall of the People

② 门额，楣板 lintel

③ "山"字形 "山" shape

④ 内部结构 inner structures

⑤ 大厅 hall

⑥ 大礼堂 the Great Auditorium
⑦ 行政大楼 administrative building
⑧ 香港厅 Hong Kong Hall
⑨ 大理石地面 marble floor
⑩ 电气设备 electrical devices
⑪ 红色巨大的五角星 a large ruby star
⑫ 楼梯 staircase

翻译与建筑

翻译与建筑

Chapter 7

第7章 翻译实训汉译英
——西方建筑

7.1 西方主要建筑风格

7.1.1 哥特式建筑风格

哥特式建筑又译作歌德式建筑，是位于罗马式建筑和文艺复兴建筑之间的，1140年左右产生于法国的欧洲建筑风格。它由罗马式建筑发展而来，为文艺复兴建筑所继承。哥特式建筑主要用于教堂，在中世纪高峰和晚期盛行于欧洲，发源于12世纪的法国，持续至16世纪，哥特式建筑在当代普遍被称作"法国式"（Opus Francigenum），"哥特式"一词则于文艺复兴后期出现。哥特式建筑的整体风格为高耸削瘦且带尖。以卓越的建筑技艺表现了神秘、哀婉、崇高的强烈情感，对后世其他艺术均有重大影响。

哥特式建筑的特点是尖塔高耸、尖形拱门、大窗户及绘有圣经故事的花窗玻璃。在设计中利用尖肋拱顶、飞扶壁、修长的束柱，营造出轻盈修长的飞天感。新的框架结构以增加支撑顶部的力量，予以整个建筑直升线条、雄伟的外观和教堂内空阔空间，常结合镶着彩色玻璃的长窗，使教堂内产生一种浓厚的宗教气氛。

7.1.2 巴洛克式建筑风格

巴洛克艺术产生于16世纪下半期，它的盛期是17世纪，进入18世纪，除北欧和中欧地区外，它逐渐衰落。巴洛克艺术最早产生于意大利，它无疑与反宗教改革有关。罗马是当时教会势力的中心，所以它在罗马兴起就不足为奇了，可以说，巴洛克艺术虽不是宗教发明的，但它是为教会服务，被宗教利用的，教会是它最强有力的支柱。

巴洛克时代代表了17世纪的建筑风格。在意大利语中，巴洛克意指"畸形珍珠"。这种建筑的特点是重于内部的装饰。其全体多取曲线，常常穿插曲面与椭圆空间。企图以丰富多变的风格炫耀人们的视觉，并用夸张的纹样形式。其代表人物是意大利雕刻家贝尼尼。他最终完成了圣彼得大教堂。这一时期的重要建筑有巴黎凡尔赛宫，路易十四广场，胜利广场。这些都集中体现了巴洛克风格，也体现拥有雄厚财力的统治者崇尚精美，唯我独尊的时代雄风。一方面，巴洛克风格的特点是外形自由，追求动态，喜好富丽的装饰和雕刻、强烈的色彩，常用穿插的曲面和椭圆形空间。巴洛克一词的原意是奇异古怪，古典主义者用它来称呼这种被认为是离经叛道的建筑风格。另一方面，巴洛克风格的教堂富丽堂皇，而且能造成相当强烈的神秘气氛，也符合天主教会炫耀财富和追求神秘感的要求。因此，巴洛克建筑从罗马发端后，不久即传遍欧洲包括俄罗斯，以至远达美洲。有些巴洛克建筑过分追求华贵气魄，甚至到了繁琐堆砌的地步。

7.1.3 洛可可式建筑风格

洛可可式建筑风格（Rococo Style）以欧洲封建贵族文化的衰败为背景，表现了没落贵族阶层颓丧、浮华的审美理想和思想情绪。他们受不了古典主义的严肃理性和巴洛克的喧嚣放肆，追求华美和闲适。洛可可一词由法语ro－caille（贝壳工艺）演化而来，原意为建筑装饰中一种贝壳形图案。1699年建筑师、装饰艺术家马尔列在金氏府邸的装饰设计中大量采用这种曲线形的贝壳纹样，由此而得名。洛可可风格最初出现于建筑的室内装饰，以后扩展到绘画、雕刻、工艺品、音乐和文学领域。

洛可可建筑风格的特点是以贝壳和巴洛克风格的趣味性的结合为主轴，以室内应用明快的色彩和纤巧的装饰，家具也非常精致而偏于繁琐,但不像巴洛克风格那样色彩强烈,装饰浓艳。德国南部和奥地利洛可可建筑的内部空间显得非常复杂。

洛可可装饰的特点是细腻柔媚,常常采用不对称手法,喜欢用弧线和 S 形线,尤其爱用贝壳、旋涡、山石作为装饰题材,卷草舒花,缠绵盘曲,连成一体。天花和墙面有时以弧面相连,转角处布置壁画。

为了模仿自然形态,室内建筑部件也往往做成不对称形状,变化万千,但有时流于矫揉造作。室内墙面粉刷,爱用嫩绿、粉红、玫瑰红等鲜艳的浅色调,线脚大多用金色。室内护壁板有时用木板,有时做成精致的框格,框内四周有一圈花边,中间常衬以浅色东方织锦。

7.1.4 拜占庭建筑风格

拜占庭式(Byzantin)是指 4 世纪至 15 世纪在以君士坦丁堡(即古希腊城市拜占庭)为中心的拜占庭帝国(即东罗马帝国)兴起和流行的艺术风格。所反映的内容多为崇拜帝王和宣扬基督教神学。是罗马晚期艺术和以小亚细亚、叙利亚、埃及为中心的东方艺术两者的结合。由古典时期重视外部形式的处理,转而重视内部空间组织与装饰,反映出王权与神权的超人力量。以及基督教的神秘主义美学思想。

拜占庭建筑的特点主要有以下四个方面:

第一个方面是屋顶造型,普遍使用"穹窿顶"。第二个特征是整体造型中心突出。在一般的拜占庭建筑中,建筑构图的中心,往往十分突出,那体量既高又大的圆穹顶,往往成为整座建筑的构图中心,围绕这一中心部件,周围又常常有序地设置一些与之协调的小部件。第三个特点是它创造了把穹顶支承在独立方柱上的结构方法和与之相应的集中式建筑形制。其典型做法是在方形平面的四边发券,在四个券之间砌筑以对角线为直径的穹顶,仿佛一个完整的穹顶在四边被发券切割而成，它的重量完全由四个券承担，从而使内部空间获得了极大的自由。第四个特点是在色彩的使用上，既注意变化，又注意统一，使建筑内部空间与外部立面显得灿烂夺目。

7.1.5 罗曼建筑风格

罗曼建筑是 10—12 世纪，欧洲基督教流行地区的一种建筑风格。罗曼建筑原意为罗马建筑风格的建筑，又译作罗马风建筑、罗马式建筑、似罗马建筑等。罗曼建筑风格多见于修道院和教堂。

罗曼建筑的典型特征是：墙体巨大而厚实，墙面用连列小券，门宇洞口用同心多层小圆券，以减少沉重感。西面有一二座钟楼，有时拉丁十字交点和横厅上也有钟楼。中厅大小柱有韵律地交替布置。窗口窄小，在较大的内部空间造成阴暗神秘气氛。朴素的中厅与华丽的圣坛形成对比，中厅与侧廊较大的空间变化打破了古典建筑的均衡感。

随着罗曼建筑的发展，中厅愈来愈高。为减少和平衡高耸的中厅上拱脚的横推力，并使拱顶适应于不同尺寸和形式的平面，后来创造出了哥特式建筑。罗曼建筑作为一种过渡形式，它的贡献不仅在于把沉重的结构与垂直上升的动势结合起来，而且在于它在建筑史上第一次成功地把高塔组织到建筑的完整构图之中。

7.2 翻译技巧综合运用

例句——英译汉

① The Empire State Building (Empire State Building) is a famous skyscraper between Fifth Avenue 350, West 33 street and West 34 street in Manhattan, New York, United States. The name comes from the nickname of New York, the Empire State, so its English name is originally intended for the New York state building or the Empire state building.

帝国大厦（Empire State Building），是位于美国纽约州纽约市曼哈顿第五大道350号，西33街与西34街之间的一栋著名摩天大楼，名称源于纽约州的昵称——帝国州，故其英文名称原意为纽约州大厦或者帝国州大厦。（两个英语句子合译成一个汉语句子，英语地址从小到大表述，汉语地址从大到小，表现出汉语民族的整体性思维与英语民族分析性思维的差异，因此翻译时要尤为注意）

② In addition, the setting of the beam is simplified and coordinated with the line shape after the column optimization, which makes the structure of the tower more concise, more graceful and more powerful.

并且，塔柱优化以后，简化的横梁与线条相协调，这使铁塔结构更加简洁，优美，有力。（英语的被动句翻译为汉语的非被动句，添加逻辑主语"这"，使之符合汉语表达习惯）

③ Standing in front of the palace, a man–made river looks like the jade belt with its shimmering waves. The towering trees stand on both sides of the river, tall and green, and the goddess statue stands in the shade. Nearby are two pools of blue water, along which copper sculptures are abundant and beautiful.

站在正宫前极目远眺，玉带似的人工河上波光粼粼。两侧大树参天，郁郁葱葱，绿荫中女神雕塑亭亭而立。近处是两池碧波，沿池的铜雕塑丰姿多态，美不胜收。（汉语译文基本采用直译法，选词运用较多的四字词语，凸显汉语多紧缩句、多四字成语的语言特点。）

④ The establishment of the church seems to follow the advice of St. Peter, who is said to have appeared at the canon of the first bishop of MERIS. The process of Norman conqueror William's invasion of England in Eleventh Century was vividly recorded in detail from the bayai color map (coloured textile and landscape murals).

这座教堂的建立似乎是遵循圣彼得的指示，据说他曾在首位主教梅里图斯的封圣典礼上现身。巴耶彩图（彩织情景壁画）生动详细地记录了11世纪诺曼征服者威廉侵占英格兰的过程。（英语的定语从句译成汉语的分句；被动语态译成汉语的主动语态；英语专有名词采用音译法。）

⑤ The white house covers an area of over 7.3 square meters, consisting of three parts, the main building and the East and West wings. The White House complex has become a historic building with a strong British architectural style, and has been integrated into the style of American architecture in subsequent host changes. Simplicity and elegance constitute the keynote of the style of the White House.

白宫共占地7.3万多平方米，由主楼和东、西两翼三部分组成。白宫建筑群成为历史性建筑，带有浓厚的英国建筑风格，又在随后的主人更替中一层层融入了美国建筑的风格。朴素、典雅，构成了白宫建筑风格的基调。（英语中多处运用介词短语，体现了英语介词表示逻辑连接的功能，因此译成汉语时要进行相应词类的转译及省略。）

7.3　The Empire State Building

The Empire State Building

The Empire State Building (Empire State Building) is a famous skyscraper between Fifth Avenue 350, West 33 street and West 34 street in Manhattan, New York, United States. The name comes from the nickname of New York, the Empire State, so its English name is originally intended for the New York state building or the Empire state building. However, the translation of The Empire State Building has been stipulated in the world and has been used till now. The Empire State Building is one of the most famous landmarks and tourist attractions in New York and the United States. It is fourth high in the United States and America, the twenty – fifth tallest skyscraper in the world, and is also the oldest skyscraper in the world (1931 – 1972 years).

In the late eighteenth Century, this land was once a farm. In the late nineteenth Century, this place was once a hotel frequented by the celebrities of Waldorf Astoria. In January 22, 1930, the project started construction and began construction in March 17th of the same year. The project involved 3400 workers, mainly European immigrants, including hundreds of North American Aborigines near Montreal. According to official statistics, 5 workers died during the construction. The Empire State Building is built at 4 and a half story a week. At the level of technology at that time, it was amazing. The building ended 5 months in advance, reduced by 10% than the estimated $ fifty million, including 5660 cubic meters of Indiana limestone and granite, 10 million bricks and 730 tons of aluminum and stainless steel.

On May 1st, 1931, the president of the United States, Herbert Huff, pressed the button in the capital, Washington, D. C., lit the lighting of the building, and the Empire State Building was formally established as the highest building in the world at that time. But many offices were vacant until 40s, making it known as Empty State Building in the early days.

In 2001, after the "9 / 11" incident, people once worried that the Empire State Building would become the next target of terrorist attacks. After a brief closure, the eighty – sixth floor view platform of the Empire State Building was reopened to the public, only to prevent someone from jumping from the floor, and the protective iron fence around the observatory was reinforced. The viewing platform is located at 1050 feet (about 320 meters) of the building, and the whole picture of New York can be seen from it.

On May 1st, 2006, The Empire State Building in New York, USA, spent its 75 - year - old "birthday", and American newspapers and television had done a lot of reports and recalled the vicissitudes that the building had experienced.

In February 2008, the Clinton Climate Initiative (CCI) launched the Empire State Building emission reduction project quietly started. A year and a half later, The Empire State Building was completed, reducing carbon dioxide emissions by 38%.

In 1930s, when the American economy was in the great depression, people's lives became more and more difficult, while Wall Street bosses were keen on building skyscrapers. Millionaire Raskob, in order to show his wealth, was determined to build the tallest building in the world. He found the famous architect William Ram and asked how tall the building could be. After a moment of contemplation, Rahm replied, "1050 feet". Raskob was not satisfied with the height, because it was only 4 feet higher than the new Chrysler mansion in New York. So the architect managed to add a 200 foot high Round Tower to the height of the Empire State Building 1250 feet. The skyscraper was built in just 410 days, a miracle in the history of architecture. The initial plan was to build a low and sturdy 34 story building, and later made 16 revisions, and finally adopted the "pencil type" scheme of the rich Raskob. The final plan made the building very strong.

The Empire State Building originally had a total of 381 meters, and the antenna installed in 1950s raised its height to 443.7 meters. According to the estimate, there are about 330000 tons of material for The Empire State Building. The building has 6500 windows and 73 elevators. The 1860 steps are required to walk from the bottom to the top, with a total construction area of 204385 square meters.

The walls in the Empire State Building are decorated with different colors of marble from Italy, France, Belgium and Germany, and the hall on the first floor is the palace of various works of art. Since 1964, the 30 upper floors of the building have been decorated with colored lanterns, shining all night. The first lamp installed on the building was a searchlight in the 1932 presidential election in the United States, intended to announce that little Roosevelt was elected to the new president of the United States within 80 kilometers to the square. In 1956, the revolving light, called freedom light, was installed at the top of the building. In 1984, the automatic colorful lamp was installed on the top of the building, and the expressive power of the lights became more colorful. Since the number of Chinese and overseas Chinese in New York, from 2001, the Empire State Building will light up the red and yellow two color lights, which symbolize the happy and auspicious, during the annual Spring Festival and the national day of People's Republic of China. After the 911 incident, the building also lit up the blue lights for 3 consecutive months in order to express mourning.

帝国大厦

帝国大厦,是位于美国纽约州纽约市曼哈顿第五大道350号,西33街与西34街之间的一栋著名摩天大楼,名称源于纽约州的昵称——帝国州,故其英文名称原意为纽约州大厦或者帝国州大厦。惟帝国大厦的翻译已经约定俗成及沿用至今。帝国大厦为纽约市以至美国最著名的地标和旅游景点之一,为美国及美洲第4高、世界上第25高的摩天大楼,也是保持世界最高建筑地位最久的摩天大楼(1931—1972)。

18世纪后期，此地曾经是一个农场。19世纪后期，此地为社会名流经常光顾的华道夫—阿斯多里亚酒店。1930年1月22日，项目起始，于同年3月17日开始动工。项目涉及了3400名工人，主要是欧洲移民，也包括数百名蒙特利尔附近的北美原住民。据官方统计，施工过程中共有5名工人身亡。帝国大厦的建设速度是每星期建4层半。在当时的技术水平下，速度是惊人的。整座大厦最后提前了5个月落成启用，费用比预计的五千万美元减少了10%，所用材料包括5660立方米的印第安那州石灰岩和花岗岩，1000万块砖和730吨铝和不锈钢。

1931年5月1日，美国总统赫伯特·胡佛在首都华盛顿特区亲自按下电钮，点亮大厦灯光，帝国大厦正式落成，成为当时世界最高的建筑。但许多办公室在40年代之前一直空置，使它在早期被戏称为"空国大厦"。

2001年，"9·11"事件发生后，人们曾一度担心帝国大厦是否会成为恐怖袭击的下一个目标。在经历了短暂的关闭之后，帝国大厦第86层的观景平台重新对公众开放，只不过为了防止有人从该处跳楼，观景台周围的防护铁栏又加固了而已。观景平台位于大楼1050英尺处（约320米），从该处可看到纽约市的全貌。

2006年5月1日，美国纽约的帝国大厦度过了它的75岁"生日"，美国的报纸和电视为此做了许多报道，同时也追忆大厦经历过的沧桑。

2008年2月，由克林顿气候行动计划（The Clinton Climate Initiative，CCI）发起的帝国大厦减排项目悄然启动。一年半之后，帝国大厦改造完成，比之前减少38%的二氧化碳排放量。

20世纪30年代，美国经济处于大萧条时期，人民生活更加困苦，而华尔街的老板们却热衷于修建摩天大楼的竞赛。百万富翁拉斯科布为了显示自己的富有，决意修建一座世界最高的大厦。他找来著名的建筑师威廉·拉姆，问大厦能盖多高，拉姆沉思片刻后回

第7章 翻译实训汉译英——西方建筑

答,"1050英尺"。拉斯科布对这个高度很不满意,因为这仅仅比当时纽约新建成的克莱斯勒大厦高4英尺。于是,建筑师设法增加了一节200英尺高的圆塔,使帝国大厦的高度为1250英尺。这座摩天大楼只用了410天就建成,算是建筑史上的奇迹。最初的计划是建一幢看上去低矮结实的34层大厦,后来又作过16次修改,最后才采纳了拉斯科布的"铅笔型"方案。最终采取的方案使得建筑十分牢固。

帝国大厦原本共381米,20世纪50年代安装的天线使它的高度上升至443.7米。根据估算,建造帝国大厦的材料约有330000吨。大厦总共拥有6500个窗户、73部电梯,从底层步行至顶层须经过1860级台阶,总建筑面积为204385平方米。

帝国大厦里面的墙壁装饰多为来自意大利、法国、比利时、德国的不同颜色的大理石,一楼大厅是各种艺术品的殿堂。自1964年起,大厦上部30层的外部全部用彩灯装饰,通宵闪亮。在大厦上最早安装的灯是1932年美国总统大选时的一架探照灯,意在向方圆80公里的民众宣告小罗斯福成功当选新一届美国总统。1956年,被称为自由之光的旋转灯安装到大厦顶部。1984年,自动变色灯装上了大厦顶端,灯光的表现力变得更为丰富多彩。由于纽约市华人、华侨众多,从2001年开始,帝国大厦会在每年春节、中华人民共和国国庆节期间晚上点亮象征吉祥的红、黄两色彩灯。在"9·11"事件后大厦也连续3个月点亮蓝色灯光以示哀悼。

建筑专业术语

① Limestone 石灰岩

② granite 花岗岩

③ brick 砖

④ aluminum 铝

⑤ stainless steel 不锈钢

⑥ marble 大理石

⑦ view platform 观景平台

⑧ protective iron fence 防护铁栏

⑨ reinforce 加固

⑩ carbon dioxide emissions 二氧化碳排放量

⑪ emission reduction project 减排项目

⑫ construction area 建筑面积

⑬ decorate 装饰

⑭ the palace of various works of art 艺术品的殿堂

⑮ searchlight 探照灯

第7章 翻译实训汉译英——西方建筑

翻译与建筑

7.4 Eiffel Tower

Eiffel Tower

Eiffel Tower (French: La Tour Eiffel; English: Eiffel Tower) stands in the war god square in Paris, France. It is a world famous building, also one of the French cultural symbols, one of the Paris city landmark, and the highest building in Paris. It is 300 meters high, the antenna is 24 meters high and the total height is 324 meters. It was built in 1889 and named from its designer, a famous architect and structural engineer, Gustav Eiffel. The design of the tower is novel and unique. It is a masterpiece of the world's architectural history and is an important scenic spot and prominent symbol of Paris, France.

The structure system of Eiffel Tower is intuitive and concise: the bottom is 4 huge tilted piers on each side of the 128 meters long base, the dip angleof which is 54 degree. They are connected and supported by the first floor platform of the 57.63m height. Between the first platform and the second platform at the height of the 115.73m there are 4 micro columns, the upper of which is curved slightly. The vertical and rigid obelisk is equipped with the third platform at the height of 276.13m, and at the height of 300.65m is a top platform with television antennas.

The gross weight of the tower is 10000t, and its load is carried by 4 caisson foundations which are strong and straight to the bottom bearing stratum. In June 1884, Emile Nouguier and Maurice Koechlin, the two leading engineers of Eiffel design office, had the idea of designing an ultra high tower. The preliminary design is like a huge tower, with four legs composed of a grid frame, supported on the basis of a vertical support and gathered together on the top of the tower. In order to be more agreeable to the public's evaluation, Nouguier and Koechlin invited architect Stephen Sauvestre to further deal with the manifestation of the structure.

Sauvestre proposes to use stone pedestal to trim the pagoda, with a commemorative arch structure connecting four tower columns and first floor platforms. Each platform has large glass wall hall, and the top uses decorative techniques such as spherical shape to brighten the structure. In the subsequent design, the engineers further perfect edit: some of the design ideas such as giant arches were preserved, to show the very character of the tower. In addition, the setting of the beam is simplified and coordinated with the line shape after the column optimization, which makes the structure of the tower more concise, more graceful and more powerful.

4 large arches at the bottom of the first platform are used for decoration at first. Some people think that these 4 arches destroy the straightness, simplicity and honesty of the tower structure, and damage the beauty of the tower as well. In fact, this "pseudo arch" has been recognized as a basic component of the shape of the tower. If the beams are simply linked together by four columns, the installation of the giant arch will bring the tower column into the whole of the tower. Moreover, the curve line of the decorative arch is also in line with the curve alignment of the tower column. As can be seen from the graph, the decorative arch of the column and the horizontal beam also has a certain structural function. Although the arch does not bear the vertical load of the column downward, the connection of the column and the beam is strengthened, and the force flow between the horizontal beam and the tower column is more smooth. From the preliminary picture of the tower, it can be seen that the connection of the lower beam and the tower column also shows the idea of the transition of the curve at the joint. It is only under the suggestion of the architect to make the struc-

ture more fully, and the whole form more unified through continuous optimization.

Eiffel Tower was originally built to celebrate the victory of the French Revolution 100th anniversary, and then gradually has become a tourist attraction, mainly for tourists. At the same time, Eiffel tower will also play a great role in scientific experiments: Aerodynamics experiments, material endurance research, mountaineering physiology, radio research, telecommunications, meteorological observation and so on. For more than 120 years, Eiffel Tower has experienced a process from technology to art to symbolism. Today, Eiffel Tower is a technology and art mixed process design architecture. As a humanistic symbol, it appears in the eyes of the world.

In 1880, France just got rid of the humiliation in the Prussian War. In order to show the national strength, from May 5th, 1889 to November 6th, Paris, France, would hold World Expo again, the main part of which was to celebrate the victory of the French Revolution 100th anniversary. In May 1886, the French government decided to design a tower in Ares square in Paris. There were two conditions: the tower could attract visitors to buy tickets; after the Expo, it could be easily demolished.

In May 15, 1889, in order to cut the opening ceremony of the World Expo, Gustav Eiffel, the designer of the tower, raised the French flag at the height of 300 meters in the tower. In order to commemorate his contribution to France and Paris, people in particular also created a half bronze statue for him under the tower.

Because Paris is a romantic capital in French, the buildings are low and full of sentiment, while the ugly, abrupt iron and steel giant that suddenly rises in the center of the city has made Paris people angry. It has repeatedly tried to dismantle the Eiffel Tower, considering it is in the Paris

City, the worst and most failed construction of Paris. It has now become the most gold – sucking landmark in France, even in the world. In 2011, about 6 million 980 thousand people visited more than two hundred and fifty million people in 2010, bringing 1 billion 500 million euros in tourism revenue to Paris each year. The people of Paris accepted it and regarded Eiffel Tower as a symbol of France. French people like romance. They do not call this giant a "big hero" or "big husband". Instead, they call it "Iron Lady" intimately. Eiffel Tower has gone through a hundred years of wind and rain, but after the overhaul of the early 80s of the last century, it still stood on the Senna river. It is the pride of all the French people and the pride of the world.

Eiffel Tower was the symbol of the industrial revolution that swept the world at that time. So it was built for the world exposition. Celebrating the victory of the French Revolution 100th anniversary is a monument to France's honor. It is a technical masterpiece in the history of World Architecture, and it has been the tallest building in the world for 45 years. It has become an important scenic spot in France and Paris, and is a symbol of modern Paris (Notre Dame de Paris is a symbol of ancient Paris). It shows the French's fantasies of romantic taste, artistic taste, creativity and sense of humor. It represents the specific period when Europe was in the transition and transformation from classicalism to modernism. The tower has made significant contributions to radio communications in the first World War.

埃菲尔铁塔

埃菲尔铁塔（法语：La Tour Eiffel；英语：Eiffel Tower）矗立在法国巴黎的战神广场，是世界著名建筑，也是法国文化象征之一，巴黎城市地标之一，也是巴黎最高建筑物，高300米，天线高24米，总高 324 米，于 1889 年建成，得名于设计它的著名建筑师、结构工程师古斯塔夫·埃菲尔。铁塔设计新颖独特，是世界建筑史上的技术杰作，是法国巴黎的重要景点和突出标志。

埃菲尔铁塔的结构体系既直观又简洁：底部是分布在每边 128 米长底座上的 4 个巨型倾斜柱墩，倾角 54 度，由 57.63 米高度处的第一层平台连接支承。第一层平台和 115.73 米高度处的第二层平台之间是 4 个微曲的立柱，其向上转化为几乎垂直的、刚度很大的方尖塔，其间在 276.13 米高度处设有第三层平台。在 300.65 米高度处是塔顶平台，布置有电视天线。

铁塔总重 10000 吨，承担这些重量的是 4 个坚固的直伸至地下承力土层的沉箱基础。在 1884 年 6 月的时候，埃菲尔设计事务所的两位主要工程师埃米勒·努盖尔和毛里斯·科奇林就有了设计一座超高塔的思想。初步的设计像一个巨大的塔架，有四个由格构梁架构成的支腿，分立支撑在基础上并在塔顶收在一起，其间布置等间距横梁联系。为了更加符合公众的评价，努盖尔和科奇林邀请建筑师斯蒂芬·斯韦斯特雷对结构的表现形式作进一步处理。

斯韦斯特雷提议用石砌台座修饰塔脚，用具有纪念性的拱结构连接四个塔柱与第一层平台。每层平台设大型玻璃墙大厅，顶部采用球状造型等装饰手法来亮化结构。在其后的设计中工程师们进行了进一步的完善，像巨型拱之类的一些设计思想得到保留，并给铁塔以极富性格的表现。并且，塔柱优化以后，简化的横梁与线条相协调，这使铁塔结构更加简洁，优美，有力。

第一平台底部 4 个连接倾斜柱墩的大拱起初是为装饰用的，有人认为这 4 个拱破坏了塔结构的直线性、简洁性和"诚实"性，也损害了塔身的美观，但事实上这个"伪拱"已被公认为塔身外形的一个基本组成部分。如果说是横梁将四个塔柱简单联系在一起，那么，巨型拱的设置则把塔柱统一到铁塔这一整体中来。而且装饰拱的曲线线形与塔柱的曲线线形也很协调。从图上也可以看出，装饰拱与水平横梁也具有一定的结构功能，虽然拱不承担塔柱向下传递的竖向荷载，但却使塔柱与横梁的连接加强，并使水平荷载作用下横梁与斜塔柱间的力流更加顺畅。从铁塔的初步设想图中可以看出，下横梁和塔柱的联结也表现出接头处曲线过渡的想法，只是在建筑师的建议下，通过不断的优化，使结构表现的更加充分，整体形式更加统一。

埃菲尔铁塔最初的建立是为了庆祝法国大革命胜利100周年，而后逐渐成为了旅游景点，主要用于游客参观。同时埃菲尔铁塔也将在科学实验中起到巨大作用：空气动力学实验、材料耐力研究、登山生理学、无线电研究、电信问题、气象观测等等。120多年来埃菲尔铁塔已然经历了从技术到艺术进而转变为象征符号的这样一个过程，如今埃菲尔铁塔作为一种技术和艺术混合的工艺设计建筑，作为一种人文符号出现在世界大众眼前。

1880年法国刚刚摆脱普法战争中的耻辱，为了显示国力，1889年5月5日至11月6日，法国巴黎将再次举办世博会，主体是庆祝法国大革命胜利100周年。1886年5月，法国政府决定在巴黎战神广场设计一座高塔。条件有二个：高塔能吸引参观者买票参观；世博会后能轻易拆除。

1889年5月15日，为给世界博览会开幕典礼剪彩，铁塔的设计师古斯塔夫·埃菲尔亲手将法国国旗升上铁塔的300米高空，由此，人们为了纪念他对法国和巴黎的这一贡献，特别还在塔下为他塑造了一座半身铜像。

法国巴黎是浪漫之都，建筑物也都是低矮而且富有情调的，但是在市中心突然耸立起这个丑陋的、突兀的钢铁庞然大物，让巴黎市民很气愤，曾多次想拆除埃菲尔铁塔，认为它是影响巴黎市容，是巴黎最糟糕、最失败的建筑物，而它现在却成了法国甚至是全世界最吸金的建筑地标，2011年约有698万人参观，在2010年累计参观人数已超过二亿五千万人，每年为巴黎带来15亿欧元的旅游收入。巴黎人民也接受了它,并把埃菲尔铁塔作为法国的象征。法国人喜欢浪漫,他们不把这座庞然大物称作"大英雄"或"大丈夫"之类,而是将它亲密地爱称为"铁娘子"。埃菲尔铁塔经历了百年风雨,但在经过20世纪80年代初的大修之后风采依旧,巍然屹立在塞纳河畔。它是全体法国人民的骄傲,也是世界的骄傲。

埃菲尔铁塔是当时席卷世界的工业革命的象征。所以,它是为了世界博览会而落成的。庆祝法国革命胜利100周年,是代表法国荣誉的纪念碑。它是世界建筑史上的技术杰作,曾经保持世界最高建筑45年。它成为法国和巴黎的一个重要景点,是现代巴黎的标志(巴黎圣母院可谓是古代巴黎的象征)。它显示出法国人异想天开式的浪漫情趣、艺术品位、创新魄力和幽默感。它代表着当时欧洲正处于古典主义传统向现代主义过渡与转换的特定时期。铁塔在第一次世界大战中在无线电通讯联络方面做出了重大贡献。

建筑专业术语

① cultural symbol 文化象征

② landmark 地标

③ architect 建筑师

④ structural engineer 结构工程师

⑤ structure system 结构体系

⑥ base 底座

⑦ dip angle 倾角

⑧ obelisk 方尖塔

⑨ gross weight 总重

⑩ caisson 沉箱

⑪ stratum 地层

⑫ preliminary design 初步的设计

⑬ grid frame 格构梁架

⑭ manifestation of the structure 结构的表现形式

翻译与建筑

⑮ stone pedestal 石砌台座
⑯ pagoda 宝塔
⑰ arch structure 拱结构
⑱ glass wall hall 玻璃墙大厅
⑲ spherical shape 球状造型
⑳ beam 横梁

第 7 章　翻译实训汉译英——西方建筑

7.5 Versailles

Versailles

In the 18km southwest of Paris, Versailles is the grandest, most luxurious palace in France. It is a bright pearl in the treasure – house of human art.

The palace of Versailles was built in Louis xiv. During his reign, he strengthened autocratic rules and centralization. After two wars, the old State Treasury was empty. The peasant uprising began, and the French feudal autocracy began to decline. In 1661 it run a plant and it was completed in 1689. To this day it has a history of about 290 years. The whole palace covers an area of 1.11 million square meters. A building area was 110000 square meters, and a garden area was 1 million square meters. Palace buildings are magnificent, with tight layout and coordination. The two ends of the palace are connected to the south and the north, forming a symmetrical geometric pattern. The palace roof abandoned the baroque domes, the French traditional steeple style, adopted the flat top form, appearing the correct and powerful. On the outside of the palace, there are statues of marble figures, beautiful and lifelike.

The palace of Versailles is magnificent and grand, of which interior furnishings and decorationare full of artistic charm. The hall of the palace, more than 500 rooms, is resplendent and magnificent. Interior decoration takes carving, large oil painting and tapestryand furniture made by superb craftsmanship, carrying with 17, 18th century modeling, The palace also contains valuable works of art from all over the world, including ancient Chinese porcelain with a long history. The gallery, which was built by the royal great painter and decorator Le Blaine and the great architect Menschal is a great place of interest in the palace of Versailles. It is 72 meters long, 10 meters wide and 13 meters high, connecting two halls. On one side of the corridor are 17 large arched windows facing the garden, and on the other with 17 mirrors. Those are symmetrical with arched windows, which are made up of more than 400 lenses. On the vaulted ceiling of the gallery is a huge painting of Le Boland, dripping wet and full of vigor, showing a historical picture of the surging waves. Strolling in the mirror corridor, the clear sky and the quiet garden view mirror on the mirror wall. Everywhere is green, as if in the garden of green grass.

The front of the palace is a unique garden of French style. The trees and flowers in the garden show ingenuity. It's beautiful and tranquil landscape, and it's refreshing. Standing in front of the palace, a man-made river looks like the jade belt with its shimmering waves. The towering trees stand on both sides of the river, tall and green, and the goddess statue stands in the shade. Nearby are two pools of blue water, along which copper sculptures are abundant and beautiful.

The construction of the palace of Versailles has a historical anecdote that the world does not know much about. In 1661, Louis xiv, who lived in the archaic palace and Fontainebleau palace, was invited by the chancellor of the exchequer, Fulid, went to his new mansion. Louis xiv was offended by the magnificence of the Fugai's mansion. Three weeks later, Fulid was jailed for embezzlement and life imprisonment. The jealousy drove Louis xiv to build a grand palace. The builders of the palace of Versailles, almost all of the first to build the Fugai's mansion, so both the construction and the style of the two buildings had the same effect.

Once the political and cultural center of France, Versailles became an obscure country after the revolution. And in the second half of the 19th century, it became the political center of the world. In 1870, the Prussian army took possession of Versailles, and in the following year the German emperor held a ceremony to crown the throne of some countries and put the crown on the monarch's head. In the same year, the government of Thierry Henry was in the palace of Versailles, planning a bloody plan to suppress the Paris commune. Furthermore, in 1873, after the American revolution, the United States and Britain signed the treaty of Paris. On June 28, 1919, the treaty of Versailles was signed between France and the United States and other countries in the mirror corridor, and the first world war ended.

Today, the palace of Versailles is a world – renowned tourist attraction, attracting more than 2 million visitors each year, second only to the Eiffel Tower in central Paris. The palace of the north and the south and the palace at the bottom changed to the museum from Louis philippe, collecting priceless portraits, sculptures, giant historical paintings and other art treasures. In addition to the visit to the palace of Versailles, the French President and other leaders often meet or entertain heads of state and diplomatic envoys.

凡尔赛宫

位于巴黎西南18公里的凡尔赛，是法国最宏大、最豪华的皇宫。是人类艺术宝库中的一颗绚丽灿烂的明珠。

凡尔赛宫建于路易十四时代。在位期间加强专制统治，强化中央集权。两次进行战争，晚年国库空虚，农民起义此伏彼起，法国封建专制制度开始走向没落。1661年动土，1689年竣工，至今约有290年的历史。全宫占地111万平方米，其中建筑面积为11万平方米，园林面积100万平方米。宫殿建筑气势磅礴，布局严密、协调。正宫东西走向，两端与南宫和北宫相衔接，形成对称的几何图案。宫顶建筑摒弃了巴洛克的圆顶和法国传统的尖顶建筑风格，采用了平顶形式，显得端正而雄浑。宫殿外壁上端，林立着大理石人物雕像，造型优美，栩栩如生。

　　凡尔赛宫宏伟、壮观，它的内部陈设和装潢富于艺术魅力。五百多间大殿小厅处处金碧辉煌，豪华非凡。内部装饰，以雕刻、巨幅油画及挂毯为主，配有 17 和 18 世纪造型超绝、工艺精湛的家具。宫内还陈列着来自世界各地的珍贵艺术品，其中有远涉重洋的中国古代瓷器。由皇家大画家、装潢家勒勃兰和大建筑师孟沙尔合作建造的镜廊是凡尔赛宫内的一大名胜。它全长 72 米，宽 10 米，高 13 米，连结两个大厅。长廊的一面是 17 扇朝花园开的巨大的拱形窗门，另一面镶嵌着与拱形窗对称的 17 面镜子，这些镜子由 400 多块镜片组成。镜廊拱形天花板上是勒勃兰的巨幅油画，挥洒淋漓，气势横溢，展现出一幅幅风起云涌的历史画面。漫步在镜廊内，碧澄的天空、静谧的园景映照在镜墙上，满目苍翠，仿佛置身在芳草如茵、佳木葱茏的园林中。

　　正宫前面是一座风格独特的法兰西式大花园。园内树木花草的栽植别具匠心，景色优美恬静，令人心旷神怡。站在正宫前极目远眺，玉带似的人工河上波光粼粼，两侧大树参天，郁郁葱葱，绿荫中女神雕塑亭亭而立。近处是两池碧波，沿池的铜雕塑丰姿多态，美不胜收。

　　凡尔赛宫的修建，有一段历史轶事。1661 年，居住在陈旧的凡赛纳宫和枫丹白露宫的路易十四，应财政总监大臣富盖邀请，去他新建的府第赴宴。富盖府第的富丽堂皇触怒了路易十四。三周之后，路易十四以贪污营私之罪将富盖投入监狱，并判处无期徒刑。嫉妒的心理促使路易十四作出兴建一座豪华皇宫的计划。凡尔赛宫的建造者，几乎全部是给富盖修建府第的人马，因此无论构造还是风格，两座建筑有异曲同工之妙。

　　历史上一度曾是法国政治、文化中心的凡尔赛在大革命后变得默默无闻了，到了 19 世纪下半叶，它又成为全世界瞩目的政治中心。

翻译与建筑

1870年，普鲁士军队占领凡尔赛，第二年德皇在此举行加冕某些国家的君主即位时所举行的仪式，把皇冠戴在君主头上。同年，梯也尔政府盘踞在凡尔赛宫，策划了镇压巴黎公社的血腥计划。此外，1873年，美国独立战争后，英美在此签订了《巴黎和约》。1919年6月28日，在镜廊里法国及英美等国同德国签订了《凡尔赛和约》，第一次世界大战宣告结束。

今日的凡尔赛宫已是举世闻名的游览胜地，各国游人络绎不绝，参观人数每年达二百多万，仅次于巴黎市中心的埃菲尔铁塔。南北宫和正宫底层自路易·菲利浦起改为博物馆，收藏着大量珍贵的肖像画、雕塑、巨幅历史画以及其他艺术珍品。凡尔赛宫除供参观游览之外，法国总统和其他领导人常在此会见或宴请各国国家元首和外交使节。

建筑专业术语

① geometric pattern 几何图案

② baroque domes 巴洛克的圆顶

③ French traditional steeple style 法国传统的尖顶

④ flat top form 平顶形式

⑤ statues of marble figures 大理石人物雕像

⑥ interior furnishings 内部陈设

⑦ interior decoration 内部装饰

⑧ carving 雕刻

⑨ the mirror gallery 镜廊

⑩ arched windows 拱形窗门

⑪ vaulted ceiling 拱形天花板

⑫ a unique French and western garden 一座风格独特的法兰西式大花园

⑬ man – made river 人工河

⑭ political and cultural center

⑮ a world – renowned tourist attraction 举世闻名的游览胜地

参 考 文 献

[1] Nida, Eugene A. 1964. Towards a Science of Translating.

[2] Nida, Eugene A. and Charles A. Taber. 1969. Theory and Practice of Translation.

[3] Nida, Eugene A. 1975, Language Structure and Translation.

[4] Nida, Eugene A. 1982. Translating Meaning.

[5] de Waard, Jan and Eugene A. Nida 1986. From one Language to Another.

[6] Nida, Eugene A. 1989. Paradoxes of Translation.

[7] Nida, Eugene A. 1990. Isomorphic Relations and Translational Equivalence.

[8] Nida, Eugene A. 1991. Breakthroughs in Translation.

[9] Nida, Eugene A. 1991. Translation: Possible and Impossible.

[10] Nida, Eugene A. 1991. Language as an Efficient Code.

[11] Savory, Theodore. 1968. The Art of Translation.

[12] A Dictionary of American Idioms.

[13] Oxford Dictionary of Current Idiomatic English.

[14] Steiner, George. After Babel: Aspects of language and Translation (3rd ed.) [M]. London Oxford, 1998. Shuttleworth, Mark & Moira Cowie. Dictionary of Translation Studies [Z]. Shanghai. Shanghai Foreign Language Education Press, 2004.

[15] Snell-Hornby, Mary. Translation Studies: An Integrated Ap-

proach [M]．Shanghai Shanghai Foreign Language Education Press，2001.

[16] Tanaka, Keilo. Advertising Language [M]．London：Routledge. 1994.

[17] Toury, Gideon. In Search of a Theory Translation [M]．Tel Aviv：The Porter Institute for Poetics and Semiotics，1980.

[18] Venuti, Lawrence. The Translation's Invisibility. London & New York：Routledge 1995.

[19] Mukul G. Asher：Extending social security coverage in AsiaPacific：A review ofgood practices and lessons Learnt [J]．International Social Security Association - Geneva. 2009.

[20] Donghyun Park andGernma B. Estrada：Developing Asia - - 's Pension Systems and Old - Age Income Support [J]．ADBI Working Paper Series，2012，4.

[21] 包惠南、包昂．中国文化汉英翻译 [M]．北京：外文出版社，2004.

[22] 蔡基刚．大学英语翻译教程 [M]．上海：复旦大学出版社，2003.

[23] 陈安定．英汉比较与翻译 [M]．北京：中国对外翻译出版公司．1998.

[24] 陈福康．中国译学理论史稿 [M]．上海：上海外语教育出版社，1992.

[25] 陈宏薇．汉英翻译基础 [M]．上海：上海外语教育出版社，1998.

[26] 陈宏薇．新实用汉英翻译教程 [M]．武汉：湖北教育出版社，1996.

[27] 陈宏薇．新编汉英翻译教程 [M]．上海：上海外语教育出版社，2004.

[28] 陈新. 英汉文体翻译教程 [M]. 北京：北京大学出版社, 2004.

[29] 程立、程建华. 英汉文化比较辞典 [M]. 长沙：湖南教育出版社, 2000.

[30] 崔正勤. 英语比较结构 [M]. 济南：山东教育出版社, 1986.

[31] 戴文进、章卫国. 自动化专业英语 [M]. 武汉：武汉理工大学出版社, 2001.

[32] 戴文进. 科技英语翻译理论与技巧 [M]. 上海：上海外语教育出版社, 2003.

[33] 丁树德. 英汉汉英翻译教学综合指导 [M]. 天津：天津大学出版社, 1996.

[34] 杜建慧等. 翻译学概论 [M]. 北京：民族出版社, 1998.

[35] 范武邱. 实用科技英语翻译讲评 [M]. 北京：外文出版社, 2001.

[36] 范仲英. 实用翻译教程 [M]. 北京：外语教学与研究出版社, 1994.

[37] 方梦之. 翻译新论与实践 [M]. 青岛：青岛出版社, 2002.

[38] 方梦之. 译学辞典 [M]. 上海：上海外语教育出版社, 2004.

[39] 费亚夫. 英语否定结构的表达与翻译 [M]. 福州：福建人民出版社, 1991.

[40] 傅似逸. 英汉实用书信手册 [M]. 北京：北京大学出版社, 1999.

[41] 傅晓玲等. 英汉互译高级教程 [M]. 广州：中山大学出版社, 2004.

[42] 耿伯华、戎林海. 科技英语翻译ABC（附录一）. 科技英

语读本 [M]．北京：国防工业出版社，2006．

[43] 耿秉钧．商用英文与国贸实务 [M]．北京：世界图书出版公司，1999．

[44] 郭建中．当代美国翻译理论 [M]．武汉：湖北教育出版社，2000．

[45] 郭著章、李庆生．英汉互译实用教程 [M]．武汉：武汉大学出版社，1998．

[46] 胡庚申等．国际商务合同起草与翻译 [M]．北京：外文出版社，2001．

[47] 胡壮麟．语篇的衔接与连贯 [M]．上海：上海外语教育出版社，1994．

[48] 华先发．英语的否定 [M]．南宁：广西人民出版社，1985．

[49] 黄洋楼．英汉互译实用技巧 [M]．广州：华南理工大学出版社，2004．

[50] 黄忠康．变译理论 [M]．北京：中国对外翻译出版公司，2002．

[51] 贾德江．英汉语对比研究与翻译 [M]．长沙：国防科技大学出版社，2002．

[52] 宋天锡．翻译新概念——汉互译实用教程（第三版）[M]．北京：国防工业出版社，2005．

[53] 谭载喜．西方翻译简史 [M]．北京：商务印书馆，1991．

[54] 王福祯．英语杏定句 [M]．北京：外文出版社，2000．

[55] 王佩纶．科技英语写作基础 [M]．南京：东南大学出版社，1989．

[56] 王庆肇．英语否定结构 [M]．北京：商务印书馆，1982．

[57] 王佐良．翻译：思考与试笔 [M]．北京：外语教学与研究出版社，1989．

［58］汪涛．实用英汉互译技巧［M］．武汉：武汉大学出版社，2001．

［59］吴森．英汉比较与翻译［M］．北京：中国对外翻译出版公司，1988．

［60］夏廷德．翻译补偿研究［M］．武汉：湖北教育出版社，2006．

［61］许建平．英汉互译实践与技巧（第二版）［M］．北京：清华大学出版社，2004．

［62］许钧等．当代法国翻译理论［M］．南京：南京大学出版社，1998．

［63］许明武．新闻英语与翻译［M］．北京：中国对外翻译出版公司，2003．

［64］许余龙．对比语言学［M］．上海：上海外语教育出版社，2002．

［65］严俊仁．科技英语翻译技巧［M］．北京：国防工业出版，2000．

［66］严俊仁．汉英科技翻译［M］．北京：国防工业出版，2004．

［67］袁昌明编．英语比较结构［M］．北京：对外贸易教育出版社，1988．

［68］臧仲伦．中国翻译史话［M］．济南：山东教育出版社，1991．

［69］曾昭智．英语句子的否定形式［M］．武汉：武汉大学出版社，1995．

［70］张健．报刊新词英译纵横［M］．上海：上海科技教育出版社，2001．

［71］张健．新闻翻译教程［M］．上海：上海外语教育出版社，2008．

[72] 张今、张宁. 文学翻译原理 [M]. 北京：清华大学出版社，2005.

[73] 张梅岗. 科技英语修辞 [M]. 长沙：湖南科技出版社，1998.

[74] 张培基. 英汉翻译教程 [M]. 上海：上海外语教育出版社，1980.

[75] 张培基. 英译中国现代散文选 [M]. 上海：上海外语教育出版社 1999.

[76] 张新红等. 商务英语翻译 [M]. 北京：高等教育出版社，2003.

[77] 钟述孔. 实用口译手册 [M]. 北京；中国对外翻译出版社公司，1999.

[78] 周方珠. 翻译多元论 [M]. 北京：中国对外翻译出版公司，2004.

[79] 周静萍、李青林. 实用英语应用文 [M]. 长沙：湖南出版社，1997.

[80] 周晓、周怡. 现代英语广告 [M]. 上海：上海外语教育出版社，1998.

[81] 周志培. 汉英对比与翻译中的转换 [M]. 上海：华东理工大学出版社，2003.

[82] 朱徽. 汉英翻译教程 [M]. 重庆：重庆大学出版社，2004.

[83] 庄绎传. 英汉翻译简明教程 [M]. 北京：外语教学与研究出版社，2002. 杨敏、纪爱梅.

[84] 杨全红. 英文广告口号的特点及其翻译 [J]. 上海科技翻译，1996（4）.

[85] 开晓予. 英语形容词的理解与翻译 [J]. 安阳师范学院学报，2004（6）.

[86] 原传道. 英语"信息型文本"翻译策略 [J]. 中国科技翻译, 2005 (3).

[87] 曾立. 试论广告文体英译策略 [J]. 株洲工学院学报, 1996 (3).

[88] 曾利沙. 论投资指南的汉英翻译原则 [J]. 国际经贸探索, 2000 (2).

[89] 张健. 英语对外报道并非逐字英译 [J]. 上海科技翻译, 2001 (4).

[90] 张铭. 浅述英语副词的汉译方法 [J]. 新疆职工大学学报, 1997 (3).

[91] 朱明炬. 专有名词翻译刍议 [J]. 武汉冶金科技大学学报(社会科学版), 1999 (1).

[92] 朱益平. 论旅游翻译中文化差异的处理 [J]. 西北大学学报, 2005 (3).

[93] 贾文波. 汉英时文翻译 [M]. 北京: 中国对外翻译出版公司, 1999.

[94] 贾文波. 应用翻译功能论 [M]. 北京: 中国对外翻译出版公司, 2004.

[95] 居祖纯. 汉英语篇翻译 [M]. 北京: 清华大学出版社, 1998.

[96] 雷跃捷. 新闻理论 [M]. 北京: 北京广播学院出版社, 1997.

[97] 本长栓. 非文学翻译理论与实践 [M]. 北京: 中国对外翻译出版公司, 2003.

[98] 李克兴、张新红. 法律文本与法律翻译 [M]. 北京: 中国对外翻译出版公司, 2005.

[99] 李明. 英汉互动翻译教程 [M]. 武汉: 武汉大学出版社, 2006.

[100] 李文革．西方翻译理论流派研究［M］．北京：中国社会科学出版社，2004．

[101] 李学平、蓝俊翔．科技汉译英指南［M］．南宁：广西人民出版社，1985．

[102] 李运兴．英汉语篇翻译［M］．北京：清华大学出版社，1998．

[103] 李运兴．语篇翻译引论［M］．北京：中国对外翻译出版公司，2000．

[104] 李运兴．汉英翻译教程［M］．北京：新华出版社 2006．

[105] 连淑能．英汉对比研究［M］．北京：高等教育出版社，1993．

[106] 廖七一．当代西方翻译理论探索［M］．南京：译林出版社，2000．

[107] 林相周．英语理解与翻译［M］．上海：上海外语教育出版社，1998．

[108] 林相周、周国珍．科技英语理解与翻译：对照与注释［M］．上海：上海科学技术文献出版社，1982．

[109] 刘宓庆．文体与翻译［M］．北京：中国对外翻译出版公司，1998．

[110] 刘宓庆．汉英对比与翻译［M］．南昌：江西教育出版社，1992．

[111] 刘其中．新闻翻译教程［M］．北京：中国人民大学出版社，2004．

[112] 卢红梅．华夏文化与汉英翻译［M］．武汉：武汉大学出版社，2006．

[113] 陆恩珠．英语外贸应用文［M］．北京：对外经济贸易大学出版社，1999．

[114] 鲁忠义、彭聃龄．语篇理解研究［M］．北京：北京语言

大学出版社,2002.

[115] 罗新璋. 翻译论集 [M]. 北京:商务印书馆,1984.

[116] 吕瑞昌. 汉英翻译教程 [M]. 西安:陕西人民出版社,1983.

[117] 吕叔湘. 中国人学英语 [M]. 北京:中国社会科学出版社,2005.

[118] 马会娟. 商务英语翻译教程 [M]. 北京:中国商务出版社,2004.

[119] 马祖毅. 中国翻译简史——五四以前部分 [M]. 北京:中国对外翻译出版公司,2007.

[120] 潘文国. 汉英语对比纲要 [M]. 北京:北京语言大学出版社,1997.

[121] 戚雨村. 现代语言学的特点和发展趋势 [M]. 上海:上海外语教育出版社,2000.

[122] 钱汝敏. 篇章语用学概论 [M]. 北京:外语教学与研究出版社,2001.

[123] 任学良. 汉英比较语法 [M]. 北京:中国社会科学出版社,1981.

[124] 戎林海. 跨越文化障碍——与英美人交往面面观 [M]. 南京:东南大学出版社,2005.

[125] 邵志洪. 汉英对比翻译导论 [M]. 上海:华东理工大学出版社,2005.

[126] 沈苏儒. 对外报道业务基础 [M]. 北京:今日中国出版社,1990.

[127] 沈苏儒. 关于中译英对外译品的质量问题 [A]. 中译英技巧文集 [C]. 北京:中国对外翻译出版公司.

[128] 司显柱. 汉译英教程 [M]. 上海:东华大学出版,2006.